"十四五"职业教育国家规划教材

职业院校汽修专业通用教材
项目驱动、任务引领型教材

QI CHE FA DONG JI JI XIE XI TONG JIAN XIU

（微课版）

汽车发动机机械系统检修

上海景格科技股份有限公司 编

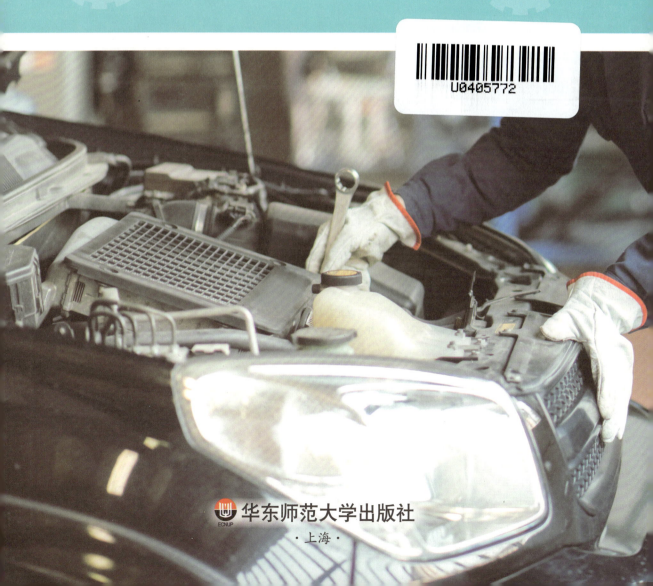

华东师范大学出版社
·上海·

图书在版编目(CIP)数据

汽车发动机机械系统检修/上海景格科技股份有限公司编.—上海:华东师范大学出版社,2018
ISBN 978-7-5675-7666-7

Ⅰ.①汽… Ⅱ.①上… Ⅲ.①汽车-发动机-机械系统-车辆检修-职业教育-教材 Ⅳ.①U472.43

中国版本图书馆 CIP 数据核字(2018)第 110912 号

汽车发动机机械系统检修

编　　者	上海景格科技股份有限公司
项目编辑	罗　彦
特约审读	孙　鹏
责任校对	朱　鑫
装帧设计	庄玉侠

出版发行	华东师范大学出版社
社　　址	上海市中山北路 3663 号　邮编 200062
网　　址	www.ecnupress.com.cn
电　　话	021-60821666　行政传真 021-62572105
客服电话	021-62865537　门市(邮购)电话 021-62869887
地　　址	上海市中山北路 3663 号华东师范大学校内先锋路口
网　　店	http://hdsdcbs.tmall.com
印 刷 者	苏州工业园区美柯乐制版印务有限责任公司
开　　本	787 毫米×1092 毫米　1/16
印　　张	13.25
字　　数	282 千字
版　　次	2018 年 8 月第 1 版
印　　次	2024 年 12 月第 6 次
书　　号	ISBN 978-7-5675-7666-7/G·11083
定　　价	38.60 元
出 版 人	王　焰

(如发现本版图书有印订质量问题,请寄回本社客服中心调换或电话 021-62865537 联系)

内容简介
NEIRONGJIANJIE

  本教材根据职业教育理实一体化课程改革的指导思想,强调以实践为主,理论为辅,筛选典型的工作任务,取材最贴近生产实际的案例设计课程内容,让学生在做中掌握解决问题的方法和技能,是汽车运用与维修专业理实一体化项目课程教材。

  本教材以汽车发动机机械系统检修为内容,主要包括:曲柄连杆机构检修、配气机构检修、冷却系统检修、润滑系统检修、发动机总成检查5个典型项目。

  本教材主要供职业院校汽车运用与维修等专业教学使用,还可以作为汽车维修人员和汽车技术爱好者的自学用书。

前言
QIANYAN

  党的二十大报告指出"加快建设制造强国、质量强国、航天强国、交通强国、网络强国、数字中国"，汽车产业是交通强国的重要组成部分，近几年汽车销售量不断提升，2022年我国汽车保有量达到3.02亿辆。按照一般数据统计，汽车保有量与后市场维修服务技术人员比例约为30∶1，根据我国汽车保有量的增长数据推算，至2030年前我国每年新增汽车维修类技能人才需求应在30万人以上，汽车后市场的技术技能人才需求量持续增加。职业教育承担为社会培养知识和能力兼备的技术技能型人才的重要任务，汽车技能型人才持续培养输出成为职业教育汽车相关专业建设的重要一环。本系列教材在汽车产业人才培养过程中将以市场为导向，以实践为驱动，旨在培养出高标准、高职业技能、高职业素养的优秀复合型人才。

  根据《国家中长期教育改革和发展规划纲要》的精神，为了推进职业教育课程改革和教材建设进程，贯彻理实一体化课程改革理念，现以任务课程为职业教育课程改革的主导理念，以工作任务为课程设置与内容选择的参照点，以任务为单位组织内容并以任务活动为主要学习方式，编写汽车运用与维修专业的系列课程教材。本教材既是汽车各专业必修的核心课程教材之一，也是系列课程教材之一。

  本系列课程教材与项目课程教学软件的设计和编制同步进行，是任务课程教学软件的配套教材。

  本任务课程教材的主要特色有：

1. 课程强调以实践为主，理论为辅。
2. 以能力为本位，以就业为导向，面向最贴近生产实际的教学任务。
3. 体现"做"中"学"的教学理念。

4. 目的在于教会学生对汽车故障现象的判断能力,表现为：①会做；②掌握为什么这样做。

5. 以职业院校覆盖面较广的丰田卡罗拉车型教具为范例,以车间典型工作任务为教学内容,教会学生完成任务所需的知识与技能,其他车型车系可举一反三。

6. 课程设计采用文字、图像、动画、视频、虚拟仿真等多媒体教学形式,形成纸质教材、教学PPT、教学资源包、虚拟仿真软件相互配套的课程包。

本课程是校企合作共同开发的课程,适应各地职业院校汽车运用与维修等专业教学,希望各校在选用本项目课程教材实施教学的过程中,及时提出意见和建议,以便在修订时改正和完善。

编者
2023.10

目　录

项目一　曲柄连杆机构检修 ·· 1
　项目导入 ·· 1
　学习目标 ·· 3
　学习任务 ·· 3
　　学习任务1　气缸体和气缸盖检修 ······································· 4
　　学习任务2　活塞连杆组检修 ·· 16
　　学习任务3　曲轴飞轮组检修 ·· 29
　学习拓展 ··· 39

项目二　配气机构检修 ··· 43
　项目导入 ··· 43
　学习目标 ··· 44
　学习任务 ··· 44
　　学习任务1　气门组检修 ·· 45
　　学习任务2　气门传动组检修 ·· 58
　　学习任务3　气门驱动组检修 ·· 69
　学习拓展 ··· 85

项目三　冷却系统检修 ··· 87
　项目导入 ··· 87
　学习目标 ··· 88
　学习任务 ··· 88
　　学习任务1　水泵检修 ·· 89
　　学习任务2　节温器检修 ·· 95
　　学习任务3　散热器检修 ··· 100
　　学习任务4　电动式冷却风扇检修 ····································· 106
　学习拓展 ·· 111

项目四 润滑系统检修 ································· 117
    项目导入 ··· 117
    学习目标 ··· 118
    学习任务 ··· 118
        学习任务1　检查与更换机油及机油滤清器 ······················· 119
        学习任务2　检查与更换油底壳 ·································· 128
        学习任务3　检查与更换机油泵 ·································· 133
    学习拓展 ··· 146

项目五 发动机总成检查 ································· 149
    项目导入 ··· 149
    学习目标 ··· 150
    学习任务 ··· 151
        学习任务1　气缸压力检测 ······································ 152
        学习任务2　发动机进气管真空度检测 ·························· 165
        学习任务3　配气正时检查与调整 ······························ 173
        学习任务4　气门间隙检查与调整 ······························ 178
        学习任务5　冷却液检查与更换 ·································· 186
        学习任务6　机油压力检测 ······································ 198
    学习拓展 ··· 202

项目一　曲柄连杆机构检修

项目导入

曲柄连杆机构(见图1-1、图1-2)主要由三部分组成：机体组、活塞连杆组和曲轴飞轮组。
- 机体组由气缸盖、气缸垫、气缸体及油底壳等部件组成。
- 活塞连杆组由活塞、活塞环、活塞销、连杆等部件组成。
- 曲轴飞轮组由曲轴、飞轮以及其他具有不同作用的零件和附件组成。

气缸盖总成常见损伤

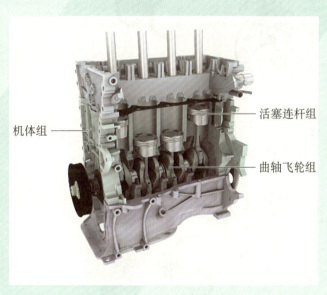

图1-1　曲柄连杆机构

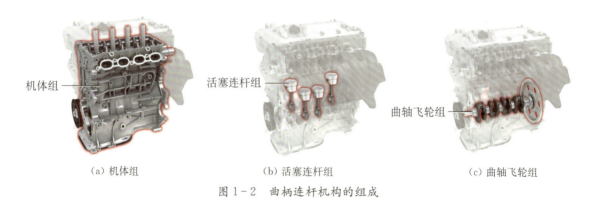

(a) 机体组　　　　　　　(b) 活塞连杆组　　　　　　　(c) 曲轴飞轮组

图 1-2　曲柄连杆机构的组成

曲柄连杆机构的功用是把可燃混合气燃烧时作用在活塞顶上的压力转变为曲轴的转矩,对外输出机械能,并将活塞的往复直线运动转换为曲轴的旋转运动(见图1-3)。

图 1-3　曲柄连杆机构的功用

本项目主要通过对2007款卡罗拉1.6 L AT轿车1ZR-FE发动机曲柄连杆机构的检修作业,使学生深层认知曲柄连杆机构的组成结构,并进一步掌握曲柄连杆机构检修的基本方法。

学习目标

素养目标
- 了解安全操作要求,养成安全文明操作的习惯。
- 养成组员之间互相协作的习惯。
- 实施操作结束后,清洁工具,并将工具设备归位,清洁场地。

技能目标
- 根据技术标准对曲柄连杆机构的气缸体和气缸盖、活塞连杆组以及曲轴飞轮组进行检修。

知识目标
- 能够描述曲柄连杆机构常见损伤形式及成因。
- 阐述曲柄连杆机构各部件的检测要点。

学习任务

学习任务 1
◇ 气缸体和气缸盖检修

学习任务 2
◇ 活塞连杆组检修

学习任务 3
◇ 曲轴飞轮组检修

学习任务 1　气缸体和气缸盖检修

　任务目标

任务目标
◎ 能够正确描述气缸体和气缸盖常见损伤形式及成因。
◎ 能够掌握气缸体和气缸盖的检修方法。

学习重点
◎ 气缸体和气缸盖常见损伤形式及其对应的检修方法。

　知识准备

一、气缸体常见的损伤形式及成因

气缸体常见的损伤形式（见图 1-4）有：气缸体裂纹、气缸体腐蚀、气缸体上平面翘曲变形、气缸体螺纹孔损坏、气缸磨损和气缸体其他损伤。

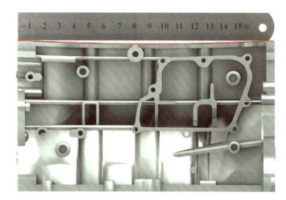

(a) 气缸体裂纹　　　　　　　　　　　　(b) 气缸体上平面翘曲变形

图 1-4　气缸体损伤形式

1. 气缸体裂纹产生的原因

(1) 气缸体铸造时受残余应力的影响以及气缸体在生产中缸壁厚薄不均，强度不足。
(2) 气缸体承受动载荷的冲击，超负荷工作形成的交变应力过载。
(3) 气缸体主油道堵头一般是用锥形螺纹，装配不当使气缸体形成裂纹。

2. 气缸体腐蚀的原因

气缸体腐蚀的主要原因是使用了不符合要求的冷却液。被腐蚀的部位一般是从冷却液孔向四周呈辐射状延伸,最终导致发动机漏水、相邻气缸发生窜气、压力较高的机油进入水道、冷却液进入曲轴箱等故障发生,使发动机无法正常工作。

3. 气缸体上平面翘曲变形的原因

(1) 发动机经常出现过热的情况,气缸体受热不均匀。
(2) 装配时,气缸盖螺栓拧紧力不均匀,拧紧顺序不符合规定。
(3) 螺纹孔污物未清理干净。

4. 气缸体螺纹孔损坏的原因

(1) 装配时螺栓没有拧紧。
(2) 使用了螺纹已经损坏的螺栓。
(3) 螺栓的拧紧力矩过大。
(4) 非贯通螺孔内有污物,致使螺栓拧入时顶坏螺纹。

气缸体螺纹孔损伤一般用直观法检查,当螺纹孔螺纹损坏多于2牙时,需要修复。

5. 气缸磨损的规律和原因

(1) 气缸磨损的规律。

① 气缸轴向的磨损规律(见图1-5):沿气缸轴向的磨损,在活塞环有效行程范围内,呈上大、下小的锥形,在第一道活塞环上止点处磨损最大;活塞环接触不到的气缸口部位几乎没有磨损,形成明显的台肩,称为"缸肩";活塞下止点油环以下的部位,气缸的磨损很小。

② 气缸径向截面的磨损规律:在平行于气缸圆周方向的横截面上,气缸的磨损也是不均匀的,磨损呈不规则的椭圆形,一般是前后方向磨损较大(见图1-6)。

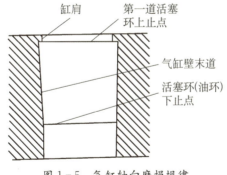 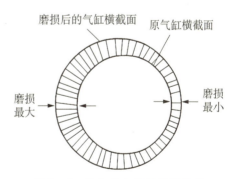

图1-5 气缸轴向磨损规律　　　　图1-6 气缸径向截面磨损规律

③ 在同一台发动机上,不同气缸的磨损情况不尽相同,一般水冷式发动机的第一缸和最后一缸的磨损较为严重。

(2) 气缸磨损的原因。

① 发动机工作时,气缸上部压力大、温度高,润滑油膜易被破坏,磨损较气缸下部大。另外,气缸表面还存在着腐蚀磨损和磨料磨损。腐蚀磨损主要是由于燃烧过程中产生的二氧

化硫等物质引起的;磨料磨损主要是由于空气中的灰尘、机油中的机械杂质和发动机自身的磨屑等硬质颗粒造成的。

② 气缸表面径向磨损成不规则的椭圆形,与发动机的工作条件、结构、冷却系统技术状况、修理装配质量等因素有关。

③ 发动机长期在较低的温度下工作,磨损尤为剧烈。

二、气缸盖常见的损伤形式及原因

气缸盖常见的损伤形式(见图1-7)有:气缸盖平面度误差(气缸盖翘曲变形)、气缸盖裂纹、气缸盖腐蚀和气缸盖螺纹孔损坏。

(a) 气缸盖裂纹

(b) 气缸盖腐蚀

图1-7 气缸盖损伤

1. 气缸盖翘曲变形

气缸盖翘曲变形主要是指气缸盖平面度误差过大。其变形的主要原因有:
(1) 气缸盖工作时受热不均匀。
(2) 在装配时,气缸盖螺栓拧紧力不均匀,螺纹孔有堵塞现象,螺栓不贯穿螺纹孔,出现虚假拧紧。
(3) 拧紧顺序不符合规定。

2. 气缸盖裂纹

气缸盖出现裂纹的主要原因有:
(1) 在发动机过热时,突然添加冷水,使气缸体所受热应力突变而产生裂纹。
(2) 气缸体铸造时受残余应力的影响以及气缸体在生产中缸壁厚薄不均,强度不足。

3. 气缸盖腐蚀

气缸盖腐蚀的主要原因是使用了不符合要求的冷却液,被腐蚀的部位一般是从冷却液孔向四周呈辐射状延伸,会导致发动机漏水、相邻气缸窜气,使发动机无法正常工作。根据腐蚀的深浅,气缸附近关键部位应更换。腐蚀不严重的非关键部位或无配件更换时,可采用钻孔铆填金属等方法修复。

4. 气缸盖螺纹孔损坏

气缸盖螺纹孔损坏的主要原因和气缸体螺纹孔损坏的原因类似。

一、实施方案

1. 质量要求

参照厂家的质量标准要求。

2. 组织方式

每四位同学一组,检修2007款卡罗拉1.6 L AT轿车1ZR-FE发动机的气缸体和气缸盖,按照企业岗位操作规范进行作业。

3. 作业准备

(1) 技术要求与标准(见表1-1和表1-2)。

表1-1 丰田卡罗拉1ZR-FE发动机技术标准

任务	标准数据	任务	标准数据
气缸盖与气缸体接合平面的平面度公差	0.05 mm	50 mm×50 mm 范围内的平面度公差	0.05 mm
进气歧管侧平面度公差	0.10 mm	气缸盖固定螺栓最大长度	86.70 mm
排气歧管侧平面度公差	0.10 mm	气缸盖固定螺栓最小外径	9.10 mm

表1-2 丰田卡罗拉1ZR-FE发动机技术标准

活塞与气缸的配合尺寸	活塞直径	气缸直径
标准尺寸	80.461 mm	80.500 mm
修理尺寸	80.961 mm	81.000 mm
测量值与标准尺寸的最大偏差	0.013 mm	

(2) 设备器材(见图1-8)。

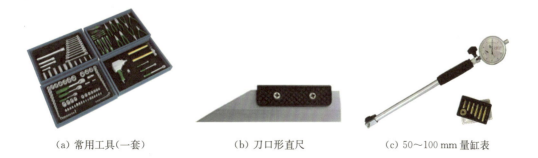

(a) 常用工具(一套)　　(b) 刀口形直尺　　(c) 50～100 mm 量缸表

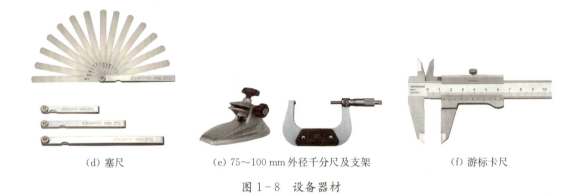

(d) 塞尺　　　　　(e) 75～100 mm 外径千分尺及支架　　　　　(f) 游标卡尺

图 1-8　设备器材

(3) 场地设施：带有消防设施的场地。

(4) 设备设施：2007 款卡罗拉 1.6 L AT 轿车 1ZR-FE 发动机一台、水压试验设备、发动机台架、工具车、标保工具车、零件车、垃圾桶。

(5) 耗材：染色剂、干净抹布、泡沫清洗剂。

二、操作步骤

1. 气缸体的检修

(1) 气缸体裂纹的检修。

气缸体产生明显的裂纹可直接观察检查。细微裂纹和内部裂纹用水压试验的方法进行检查，通常要求水压为 350 kPa～450 kPa 并保持 5 分钟，如发现气缸体、气缸盖有水渗出时，即表明该处有裂纹（见图 1-9）。如有裂纹，则更换气缸体。

图 1-9　水压试验法检测气缸体

(2) 气缸体腐蚀的检修。

检修气缸体腐蚀时，一般看腐蚀的深浅与部位，对于气缸、水道等关键部位，应换用新件。对于腐蚀较浅、非关键部位或无配件时，可选择钻孔铆填金属等方法修复，在缸体尺寸变化的许可范围内，也可采取铣、磨等修复方法修复。

(3) 气缸体上平面翘曲的检修。

① 清理气缸体上、下平面及内外部的油垢、积炭和水垢。用铲刀将所有衬垫材料从气缸体上平面清除掉(见图1-10),然后用软刷和溶剂彻底清洗气缸体。

检测气缸平面翘曲度

(a) 用铲刀清除衬垫材料

(b) 清洗气缸体

图1-10 清理气缸体

② 用刀口形直尺和塞尺,测量与气缸垫接触的表面的平面度公差。将刀口形直尺放在缸体上平面(图1-11所示的位置上),用塞尺测量刀口形直尺与上平面的间隙,塞入塞尺的最大厚度即是气缸体上平面的平面度公差。丰田卡罗拉1ZR-FE发动机的最大平面度公差为0.05 mm,如果平面度公差大于最大值,则更换气缸体。

(4) 气缸体螺纹孔损坏的检修。

气缸体螺纹孔损伤一般用直观法检查。当螺纹孔螺纹损坏多于2牙时,需修复。螺纹孔的修复一般是在有可能加深螺孔时,加大螺纹的深度,保证螺纹长

(a) 上平面位置

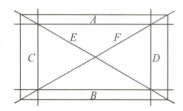

(b) 检测位置

图1-11 气缸体平面的平面度公差检测

度。另一种方法是镶螺套法,即：使用内径同气缸盖上原螺纹的尺寸,外径同被加大了的气缸体螺纹孔尺寸的螺套,将螺套旋入气缸体上加大的螺孔中,拧紧并铆固再将平面修平。

(5) 气缸磨损的检修。

① 清洁气缸体各气缸表面(清除水垢、积炭和锈蚀等)。检查气缸表面是否有刮痕和拉伤。

检查气缸缸径

注意事项

◇ 若刮痕和拉伤较严重应查找并分析原因。

图 1-12　测量气缸上口直径

② 清洁、检查和校准游标卡尺、外径千分尺、量缸表等量具。

③ 用游标卡尺测量气缸上口直径,确定气缸修理级别(见图 1-12)。

图 1-13　调整外径千分尺

④ 将外径千分尺装入支架,调整千分尺至气缸标准直径 80.50 mm 并锁紧(见图 1-13)。

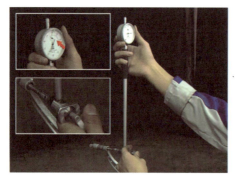

图 1-14　校正量缸表

⑤ 根据气缸标准直径,在外径千分尺上校正量缸表(见图 1-14)。

a. 根据气缸标准尺寸,选择合适的固定测量杆,并装入量缸表的下端。

◇ 接杆装好后与活动伸缩杆的总长度应与被测气缸尺寸相适应。

b. 将百分表装入量缸表把手上端的孔内,并使其小指针对准零位,然后锁紧。推动并放松量缸表的活动测量杆,每次百分表的指针应能回到同一位置。

c. 在外径千分尺上调整量缸表固定测量杆的长度,使百分表继续压缩 1.0～1.5 mm(小指针指示 1.5～2.0 mm)。

d. 在外径千分尺上,上下左右轻微摆动量缸表,使百分表的大指针顺时针摆动到最大位置,然后转百分表盘,使其零位与大指针对齐。

e. 将量缸表测杆伸入气缸测量,测量时应在测杆与气缸轴线保持垂直位置时,读取测量值(见图 1-15)。

图 1-15 测量气缸缸径

◇ 摆动量缸表,其大指针指示到最小读数时,即表示测杆已垂直于气缸轴线,记录测量读数。

f. 根据气缸磨损规律,在气缸的上部、中部和下部的三个截面上,进行横向($B-B'$)和纵向($A-A'$)的直径测量,记录相关数据。

◇ 量缸表测杆进出气缸以及在气缸内不同位置测量时,量缸表杆应向固定测量杆方向倾斜后移动,切不可直线拖动或转动,以免损坏量具。
◇ 上截面是距离气缸体上平面约 10 mm 处。中截面是整个活塞行程的中间位置,下截面是距离下平面约 10 mm 处。

g. 根据气缸测量值计算圆度和圆柱度误差,判断气缸技术状况。

h. 若气缸圆度和圆柱度超过技术标准,应计算并确定气缸修理尺寸,选择修复方法,制订气缸修复工艺。

◇ 该车型气缸体不采用镶套法修复,若气缸实际尺寸已达到最大气缸修理尺寸,则应更换气缸体。

2. 气缸盖的检修

(1) 气缸盖裂纹的检修。

用染色渗透法检查进气口、排气口以及气缸体表面是否有裂纹。如果有裂纹,则更换气缸盖。

(2) 气缸盖翘曲的检修。

① 清洁测量工具,清洁测量平面(见图1-16)。

图1-16 清洁气缸盖测量平面

检查气缸盖

② 检测方法与气缸体相同(见图1-17)。

最大平面度公差:气缸盖下平面0.05 mm,歧管接触面0.10 mm。

若平面度公差大于最大值,则更换气缸盖。

图1-17 测量气缸盖平面度

③ 使用相同方法对气缸盖其余5个测量位置进行测量(见图1-18)。

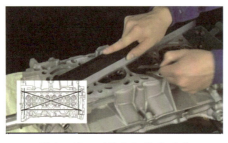

图1-18 测量气缸盖平面度

> **注意事项**
> ◇ 使用刀口形直尺时要轻拿轻放。
> ◇ 刀口形直尺测量时要横放后再竖起,且要垂直测量平面。
> ◇ 检查时刀口形直尺不能在缸盖上拖动。
> ◇ 在观察测量时,眼睛要与被测平面齐平。

(3) 气缸垫的检修。

检查气缸垫的零件型号是否和原厂一致,检查气缸垫表面是否平整,包边贴合是否牢固,是否有划痕、凹陷、褶皱以及锈污等现象。若存在上述现象,则更换气缸垫(见图1-19)。

(4) 气缸盖螺纹孔损坏的检修。

气缸盖螺纹孔损伤一般用直观法检查,当螺纹损坏多于2牙时,需要修复。修复方法与气缸体螺纹孔相同。

图1-19 检查气缸垫

检查汽缸垫

任务小结

一、气缸体常见的损伤形式

气缸体常见的损伤形式有:气缸体裂纹、气缸体腐蚀、气缸体上平面翘曲变形、气缸体螺纹孔损坏、气缸磨损和气缸体其他损伤。

二、气缸盖常见的损伤形式

气缸盖常见的损伤形式有:气缸盖平面度误差(气缸盖翘曲变形)、气缸盖裂纹、气缸盖腐蚀和气缸盖螺纹孔损坏。

三、气缸体的检修

(1) 气缸体裂纹的检修。
(2) 气缸体腐蚀的检修。
(3) 气缸体上平面翘曲的检修。
(4) 气缸体螺纹孔损坏的检修。
(5) 气缸磨损的检修。

四、气缸盖的检修

(1) 气缸盖裂纹的检修。
(2) 气缸盖翘曲的检修。
(3) 气缸垫的检修。
(4) 气缸盖螺纹孔损坏的检修。

一、课堂练习

1. 判断题

(1) 气缸盖翘曲变形的检测方法和气缸体翘曲变形的检测方法是相同的。（ ）

(2) 气缸盖翘曲变形的主要原因是气缸盖工作时受热不均匀。（ ）

(3) 撬松气缸盖时要注意用胶带缠住一字槽螺钉旋具的头部,不要损坏气缸盖与气缸体之间的接触面。（ ）

(4) 拆卸气缸盖时,需按正确方向,不需要分次拧松。（ ）

2. 单选题

(1) 以下哪项是气缸体裂纹产生的原因？（ ）
    A. 气缸体铸造时受残余应力的影响以及气缸体在生产中缸壁厚薄不均,强度不足
    B. 气缸体承受动载荷的冲击,超负荷工作行程的交变应力过载
    C. 气缸体主油道堵头没用锥形螺纹
    D. 以上都是

(2) 丰田卡罗拉1ZR-FE发动机的最大平面度公差为（ ）。
    A. 0.05 mm   B. 0.15 mm
    C. 0.5 mm   D. 0.01 mm

(3) 气缸盖螺纹孔损伤,当螺纹损坏多于（ ）牙时,需要修复。
    A. 1   B. 2   C. 3   D. 4

二、技能评价（见表1-3）

表1-3 技能评价表

序号	内　　容	分值	得分
1	气缸体裂纹的检修	10	
2	气缸体腐蚀的检修	10	
3	气缸体上平面翘曲的检修	10	
4	气缸体螺纹孔损坏的检修	10	
5	气缸磨损的检修	20	
6	气缸盖裂纹的检修	10	

续表

序号	内　容	分值	得分
7	气缸盖翘曲的检修	10	
8	气缸盖螺纹孔损坏的检修	10	
9	气缸垫的检修	10	
	总　分	100	

(注：操作规范即得分，操作错误或未进行操作即 0 分)

学习任务 2　活塞连杆组检修

任务目标

任务目标
◎ 能够正确描述活塞连杆组的常见损伤形式及成因。
◎ 能够掌握活塞连杆组的检修方法。

学习重点
◎ 活塞连杆组常见损伤形式及其对应的检修方法。

知识准备

活塞连杆组是发动机的重要组合件,其技术状况好坏,对发动机工作的影响特别明显。在发动机大修作业中,活塞连杆组的修理是一项重要的修理任务。

一、活塞常见的损伤及成因

活塞常见的损伤形式主要是活塞环槽磨损、活塞裙部拉伤磨损、活塞销座孔磨损与裂纹、活塞顶烧蚀以及活塞刮伤等(见图 1-20)。

1. 活塞环槽磨损

活塞环槽的磨损是活塞的最大磨损部位,其中第一道环槽的磨损最为严重。活塞在高速往复运动中,由于气体压力的作用,使活塞环对环槽的冲击很大,加上高温的影响使环槽的下平面磨损大,上平面磨损小,并呈现内小外大的梯形状。

(a) 活塞环槽磨损

(b) 活塞裙部拉伤

(c) 活塞销座孔裂纹　　　　　(d) 活塞顶烧蚀　　　　　(e) 活塞刮伤

图 1-20　活塞常见损伤

2. 活塞裙部磨损

活塞裙部磨损一般较小，当活塞裙部与缸壁间隙过大时，发动机易出现敲缸，并有严重的窜气现象。

3. 活塞销座孔磨损

活塞在工作时由于气体压力和交变惯性力的作用，使活塞销与活塞孔座之间发生磨损，其最大磨损发生在座孔的上、下方，垂直于活塞销座孔与活塞轴线平行的方向。

4. 活塞顶烧蚀

活塞顶烧蚀的主要原因是发动机在超负荷或爆燃条件下长时间工作，若某一机型容易出现烧顶时，一般它还与活塞的材料和设计有关。

5. 活塞刮伤

活塞刮伤主要是由于活塞与气缸壁的配合间隙过小而使润滑条件变差，以及气缸内壁严重不清洁，有较多和较大的机械杂质进入摩擦表面而引起的。

二、活塞环常见的损伤及成因

活塞环常见的损伤形式主要是活塞环磨损、活塞环折断等（见图 1-21）。

(a) 活塞环磨损　　　　　　　(b) 活塞环折断

图 1-21　活塞环常见损伤

1. 活塞环磨损

活塞环的磨损主要是活塞环受高温高压燃气的作用，活塞环往复运动的冲击和润滑不良所致。

2. 活塞环折断

在使用中受高温燃气的影响,活塞环的弹性逐渐减弱,造成活塞环对于气缸壁的压力降低,气缸的密封性变差,出现漏气和窜机油现象,使发动机的动力性下降,经济性变坏。由于活塞环的安装不当或端隙过小,发动机在高温、大负荷条件下工作时,端隙抵死而卡滞在气缸内,活塞环在活塞的冲击负荷作用下而断裂。

三、活塞销常见的损伤及成因

发动机工作时,活塞销要承受燃气的压力和活塞连杆组件惯性力的作用,其负荷的大小和方向是周期性变化的,对活塞销产生较大的冲击作用。活塞销与活塞销座孔和连杆衬套的配合精度很高,在发动机正常工作(达到工作温度)时,全浮式活塞销与活塞销座孔和连杆衬套存在微小的间隙。因此,活塞销可以在销座孔和连杆衬套内自由转动,使得活塞销的径向磨损比较均匀,磨损速率也较低(见图1-22)。

图1-22 活塞销磨损

由于活塞销在发动机工作时,承受较大的冲击载荷,当活塞销与活塞销座孔和连杆衬套的配合间隙超过一定数值时,也即是配合松旷,从而引发外部发动机的异响故障。

四、连杆组件常见的损伤及成因

连杆组件常见的损伤形式有:连杆的变形和断裂(见图1-23)、连杆轴承和连杆小头衬

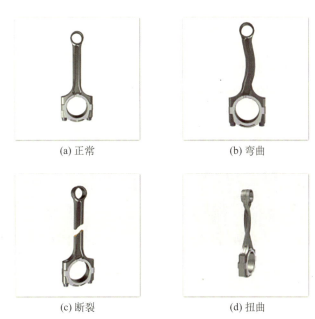

(a) 正常　　　(b) 弯曲

(c) 断裂　　　(d) 扭曲

图1-23 连杆的变形和断裂

套的磨损、连杆螺栓损伤等。

1. 连杆的变形和断裂

发动机工作中,由于超负荷工作等原因而产生复杂的交变载荷,将会使连杆杆身发生弯曲、扭曲等变形,严重时可导致连杆断裂。

连杆的弯曲是指连杆小端轴线与连杆大端轴线在轴线平面内的平行度误差;连杆的扭曲是指连杆小端轴线与连杆大端轴线在轴线平面法向上的平面度误差。

连杆变形后,使活塞在气缸中歪斜,引起活塞与气缸、连杆轴承与连杆轴颈偏磨,将对曲柄连杆机构的工作产生很大的影响。因此在发动机修理过程中应对连杆的弯、扭变形进行检验和校正。

2. 连杆轴承和连杆小头衬套的磨损

连杆轴承的主要损伤形式是磨损、合金疲劳剥落及粘着咬死等(见图 1-24)。当连杆轴承与轴颈的径向间隙过大后,轴承对润滑油流动阻尼能力减弱,润滑油压下降,从而使连杆轴承与轴颈之间的油膜不易建立,破坏了轴承的正常润滑;加之引起的冲击载荷,又造成轴承疲劳应力剧增,使轴承疲劳而导致粘着咬死,发动机将丧失工作能力。因此行车之前应注意发动机机油压力变化,听察异响,发现异常应立即停车检修。

(a) 连杆轴承磨损　　　　　(b) 连杆轴承剥落　　　　　(c) 连杆小头衬套磨损

图 1-24　连杆轴承和连杆小头衬套磨损

3. 连杆螺栓的损伤

连杆螺栓与螺母在工作中,由于受很大的交变载荷作用,会发生螺栓拉长变形、裂纹、螺纹损坏等损伤,严重时甚至断裂(见图 1-25),造成严重事故。

(a) 连杆螺栓拉长　　　　　(b) 连杆螺栓裂纹

(c) 连杆螺栓螺纹损坏　　　　　　(d) 连杆螺栓断裂

图 1-25　连杆螺栓损伤形式

一、实施方案

1. 质量要求

参照厂家的质量标准要求。

2. 组织方式

每四位同学一组，检修2007款卡罗拉1.6 L AT 轿车1ZR-FE发动机的活塞连杆组，按照企业岗位操作规范进行作业。

3. 作业准备

（1）技术要求与标准（见表1-4和表1-5）。

表1-4　丰田卡罗拉1ZR-FE发动机技术标准

任务	标准值	极限值
连杆轴向间隙	0.160~0.342 mm	0.342 mm
连杆油膜间隙	0.030~0.062 mm	0.070 mm
活塞直径	80.461~80.471 mm	80.471 mm

表1-5　丰田卡罗拉1ZR-FE发动机技术标准

间隙部位	名称	新/mm	磨损极限值/mm
端隙	第一道气环	0.20~0.30	0.50
	第二道气环	0.30~0.50	0.70
	油环	0.10~0.40	0.70

续表

间隙部位	名称	新/mm	磨损极限值/mm
侧隙	第一道气环	0.02~0.07	0.07
	第二道气环	0.02~0.06	0.06
	油环	0.020~0.065	0.065
—	连杆轴承盖紧固螺栓	6.6~6.7	6.4

(2) 设备器材(见图1-26)。

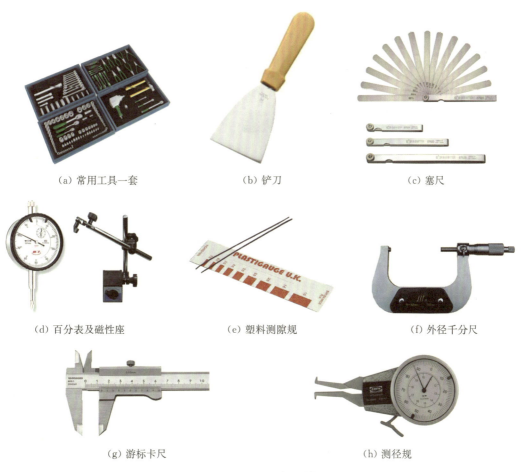

(a) 常用工具一套　(b) 铲刀　(c) 塞尺
(d) 百分表及磁性座　(e) 塑料测隙规　(f) 外径千分尺
(g) 游标卡尺　(h) 测径规

图1-26　设备器材

(3) 场地设施：带有消防设施的场地。

(4) 设备设施：2007款卡罗拉1.6 L AT轿车1ZR-FE发动机一台、发动机台架、工具车、标保工具车、零件车、垃圾桶。

(5) 耗材：干净抹布、泡沫清洗剂。

二、操作步骤

1. 清洁活塞连杆组零件

（1）选用铲刀清除活塞环槽内的积炭、油污（见图 1-27）。

（2）使用压缩空气吹净活塞环槽。

（3）清除活塞环上的积炭和油污。

图 1-27　清洁活塞环槽

2. 检测活塞环的侧隙、端隙

检测活塞环的侧隙、端隙

（1）测量活塞直径。

在距离活塞裙部 12.6 mm 处，用外径千分尺测量与活塞销孔成直角的活塞直径（见图 1-28），如果活塞直径不符合规定（见表 1-6），则更换活塞。

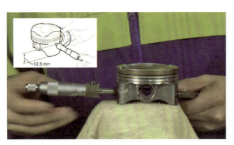

图 1-28　测量活塞裙部尺寸

表 1-6　活塞与气缸配合尺寸

尺寸名称	活塞直径	气缸直径
基本尺寸 mm	80.461 mm	80.500 mm
修理尺寸 mm	80.961 mm	81.000 mm

（2）测量活塞环侧隙。

① 选择塞尺，测量 1 号活塞环槽间隙，把 1 号环放在 1 号环槽内，轻轻转动一周后，活塞环应能自由转动无阻滞现象。

② 选用合适的塞尺进行测量，如果环槽间隙不符合规定则更换活塞（见表 1-7）。

③ 用同样的方法测量 2 号环槽间隙以及油环槽间隙，如果不符合规定则更换活塞。

表1-7 活塞环标准侧隙

活塞环	标准侧隙	活塞环	标准侧隙	活塞环	标准侧隙
1号环	0.02~0.07 mm	2号环	0.02~0.06 mm	油环	0.020~0.065 mm

(3) 测量活塞环端隙。

① 用压缩空气吹净气缸壁,用清洁布清洁塞尺。

② 将第一道压缩环放入相对应的气缸内(见图1-29)。

图1-29 嵌入第一道压缩环

③ 用未装活塞环的活塞从气缸体顶部将活塞环推至气缸底部,使其行程超过50 mm(见图1-30)。

图1-30 将活塞环推入气缸底部

④ 用塞尺测量第一道活塞环的端隙。若端隙大于最大值,则更换活塞环。如果新的活塞环仍大于最大值,则应按修理尺寸法或镶套法修复气缸体(见图1-31)。

参照上述方法测量其他活塞环端隙,并与标准数据做对比分析(见表1-8)。

图1-31 用塞尺测量各环的端隙

表1-8 活塞环端隙

活塞环	标准端隙	最大端隙
1号环	0.2~0.3 mm	0.5 mm
2号环	0.3~0.5 mm	0.7 mm
油环	0.1~0.4 mm	0.7 mm

> **注意事项**
> ◇ 用经验法来判断活塞环的侧隙和背隙。将环置入环槽内,环应低于环岸,且能在槽中滑动自如,无明显松旷感觉即可。

检测活塞销与活塞孔配合间隙

3. 检测活塞销与活塞孔的配合间隙

(1) 检测活塞销孔直径。

① 清洁活塞销孔表面(见图1-32)。

图1-32 清洁活塞销孔表面

② 检查活塞销孔有无明显裂纹或异常磨损(见图1-33)。

图1-33 检查活塞销孔

③ 选用并清洁测径规,检查并校准测径规(见图1-34)。

图1-34 校准测径规

④ 按下压缩手柄,将测径规伸入活塞销孔,松开压缩手柄,观察指针刻度,读取并记录测量值(见图1-35)。

⑤ 按下压缩手柄,取出测径规,并使测径规旋转90°,进行第二次测量,测量所得平均值与标准数值做对比。若直径不符合规定,则更换活塞。

图1-35 测量活塞销孔

注意事项

◇ 测量时应缓慢松开压缩手柄避免损坏零件。
◇ 测量时测径规测针应避开锁止卡销槽及槽口。
◇ 松开压缩手柄后,不能旋转测径规。
◇ 读取测量值时,视线与测径规表面垂直。

(2) 检查活塞销直径。
① 清洁活塞销表面,并检查其有无明显裂纹或异常磨损(见图1-36)。
② 选用外径千分尺并清洁、检查、校准。

图1-36　检查活塞销表面

③ 使用千分尺分别测量活塞销直径(见图1-37)和长度,锁止锁紧装置,取下千分尺并读取测量值。测量所得平均值与标准数值做对比,若直径不符合规定,则更换活塞、活塞销。
④ 以同样方法,测量活塞销上、中、下三个测量点。

图1-37　测量活塞销直径

注意事项

◇ 活塞销两端测量点与上、下平面各自保持5 mm的距离。
◇ 读取测量值时,微分筒刻度应与视线垂直。

(3) 检测连杆小头孔径。
① 清洁连杆小头表面,并检查连杆小头有无明显裂纹或异常磨损(见图1-38)。

图1-38　检查连杆小头

图 1-39　测量连杆小头孔径

② 选用测径规,并清洁、检查、校准。

③ 按下压缩手柄,将测径规伸入连杆小头,松开压缩手柄观察指针刻度,读取并记录测量值(见图1-39)。

④ 按下压缩手柄,取出测径规,旋转 90°进行第二次测量,测量所得平均值与标准数值做对比。若直径不符合规定,则更换连杆。

注意事项

◇ 测量时测径规测针应避开连杆小头油孔。

4. 检测连杆轴承盖紧固螺栓

(1) 观察连杆轴承盖紧固螺栓是否有明显变形(见图 1-40)。

图 1-40　连杆轴承盖紧固螺栓外观检查

(2) 观察螺纹,分别把连杆轴承盖紧固螺栓拧到连杆螺栓孔内,观察是否能容易地拧到底(见图 1-41)。

图 1-41　拧紧连杆轴承盖紧固螺栓

(3) 清洁、校对游标卡尺。

(4) 用游标卡尺测量螺栓受力部分的直径(见图 1-42)。标准直径为 6.6~6.7 mm,最小直径为 6.4 mm,如果直径小于最小值,则更换连杆螺栓。

图 1-42　测量螺栓受力部分的直径

5. 检测连杆轴承轴向间隙

(1) 用清洁布清洁连杆轴颈、下轴承并用压缩空气吹净。

(2) 用清洁布清洁连杆轴承盖外表面并用压缩空气吹净。

(3) 先将磁性表座吸附在气缸体上,调整好百分表,使百分表表头紧贴在轴承盖的侧面上,然后对百分表预压(1 mm)、调零。

(4) 用手前后移动连杆轴承盖,同时观察百分表数值。连杆轴向间隙为百分表左右偏摆值之和。

(5) 若轴向间隙大于最大值,则更换连杆总成。

6. 检测连杆轴承油膜间隙

(1) 在连杆轴颈、连杆下轴承涂抹少量润滑油。

(2) 按轴承宽度,切割塑料测量条长度,将塑料测隙规沿轴向放在连杆轴颈和连杆下轴承之间。

(3) 安装连杆轴承盖。

(4) 拆下连杆轴承盖。

(5) 测量塑料测隙规的最宽处。

(6) 若油膜间隙大于最大值,则更换连杆轴承。

任务小结

一、活塞连杆组件常见的损伤形式

活塞常见的损伤形式主要是活塞环槽磨损、活塞裙部拉伤磨损、活塞销座孔磨损与裂纹、活塞顶烧蚀以及活塞刮伤等。

活塞环常见的损伤形式主要是活塞环磨损、活塞环折断等。

由于活塞销在发动机工作时,承受较大的冲击载荷,当活塞销与活塞销座孔和连杆衬套的配合间隙超过一定数值时,就会由于配合的松旷而发生异响。

连杆组件常见的损伤形式有:连杆的变形和断裂、连杆轴承和连杆小头衬套的磨损、连杆螺栓损伤等。

二、活塞连杆组件的检修

(1) 清洁活塞连杆组零件。

(2) 检测活塞环的侧隙、端隙。

(3) 检测活塞销与活塞孔的配合间隙。

(4) 检测连杆轴承盖紧固螺栓。

(5) 检测连杆轴承轴向间隙。

(6) 检测连杆轴承油膜间隙。

一、课堂练习

1. 判断题

（1）活塞与气缸的配合间隙过大时，会造成发动机窜机油。（   ）

（2）1ZR-FE 发动机的油环标准侧隙为 0.02～0.06 mm。（   ）

2. 单选题

（1）连杆在工作时，会发生连杆的弯曲和扭曲，是因为受到什么载荷作用？（   ）

    A. 交变　　　　B. 单向　　　　C. 附加　　　　D. 双向

（2）1ZR-FE 发动机连杆的标准轴向间隙为（   ）。

    A. 0.160～0.342 mm　　　　B. 0.030～0.062 mm

    C. 0.030～0.060 mm　　　　D. 0.152～0.262 mm

二、技能评价（见表 1-9）

表 1-9　技能评价表

序号	内　容	分值	得分
1	清洁活塞连杆组	20	
2	检测活塞环的侧隙、端隙	20	
3	检测活塞销与活塞孔的配合间隙	20	
4	检测连杆轴承盖紧固螺栓	20	
5	检测连杆轴承轴向间隙	10	
6	检测连杆轴承油膜间隙	10	
总　分		100	

（注：操作规范即得分，操作错误或未进行操作即 0 分）

学习任务 3　曲轴飞轮组检修

任务目标

任务目标
◎ 能够正确描述曲轴飞轮组组件的常见损伤形式及成因。
◎ 能够掌握曲轴飞轮组的检修方法。

学习重点
◎ 曲轴飞轮组常见损伤形式及其对应的检修方法。

知识准备

曲轴飞轮组件常见的损伤形式有曲轴的磨损、曲轴弯曲与扭曲变形、曲轴的裂纹与断裂、曲轴的其他损伤形式和飞轮损伤等（见图 1-43）。

(a) 轴颈磨损

(b) 曲轴弯曲

(c) 曲轴裂纹

(d) 曲轴断裂

(e) 端面磨损

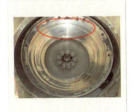
(f) 端面烧蚀

(g) 齿圈断齿

(h) 飞轮破损

图 1-43　曲轴飞轮组件常见损伤

一、曲轴的磨损

由于曲轴高速旋转运动，轴颈表面承受较大交变载荷的冲击作用，而且有很高的滑动速度,散热条件差,很容易造成磨损。主轴颈和连杆轴颈的磨损是不均匀的,且磨损部位具有一定规律。主轴颈和连杆轴颈最大磨损部位相互对应,即各主轴颈的最大磨损部位靠近连杆轴颈一侧;连杆轴颈的最大磨损部位在主轴颈一侧。

(1) 连杆轴颈的磨损特点及原因。连杆轴颈的径向不均匀磨损,是由于发动机工作时,作用在连杆轴颈上的力沿圆周方向分布不均匀造成的。发动机工作时,连杆轴颈承受着由连杆传来的周期性变化的气体压力、活塞连杆组往复运动的惯性力及连杆大端回转运动离心力作用,这些力的合力作用在连杆轴颈内侧,方向始终沿曲柄半径向外,使连杆大头始终压紧在连杆轴颈内侧,从而导致连杆轴颈的内侧磨损最大。

连杆轴颈轴向也呈不均匀磨损,由于通往连杆轴颈的油道是倾斜的,曲轴旋转时,在离心力的作用下,与油流相背的一侧的轴承间隙形成涡流,使机械杂质偏积在连杆轴颈的这一端,因而加速了这一端轴颈的磨损,使连杆轴颈磨损呈锥形。此外,连杆弯曲、连杆大头不对称结构等原因,造成轴颈受力不均匀,都会使轴颈沿轴向呈不均匀磨损。

(2) 主轴颈的磨损特点及原因。主轴颈径向的不均匀的磨损主要是受连杆、连杆轴颈及曲柄离心力的影响,使靠近连杆轴颈一侧的轴颈与轴承间发生的相对磨损较大。实践证明,在直列式发动机中,连杆轴颈的磨损比主轴颈的磨损严重,这主要是由于连杆轴颈的负荷较大、润滑较差等原因所造成的;在V形发动机中,主轴颈的磨损比连杆轴颈的磨损严重。

在发动机使用中,主轴颈的不均匀磨损后果也相当严重,各轴颈不同方向的磨损,导致主轴颈同轴度的破坏,这往往是某些曲轴断裂的原因。

二、曲轴弯曲与扭曲变形

曲轴产生弯曲变形,是由于使用不当和维修、装配不当造成的。如:发动机在爆燃和超负荷等条件下工作,个别气缸不工作或不均衡,各道主轴承松紧度不一致,主轴承承孔同轴度偏差增大等,都会造成曲轴的弯曲变形。当变形逾限后,将加剧活塞连杆组和气缸的磨损,以及曲轴和轴承的磨损,严重时,会使曲轴疲劳折断。

曲轴扭曲变形主要是烧瓦和个别活塞卡缸(涨缸)造成的。当个别气缸壁间隙过小或活塞热膨胀过大,活塞运动阻力将增大,曲轴运转不均匀。发展到活塞卡缸未及时发现以及超速、超载等,都会引起曲轴的扭曲变形及其他耗损。曲轴产生扭曲变形后,将使连杆轴颈分配角改变,影响发动机的配气正时和点火正时,并造成发动机振动。

三、曲轴的裂纹与断裂

曲轴的裂纹多发生在曲柄与轴颈之间的过渡圆角处,以及油孔处。前者是横向裂纹,危害极大,严重时造成曲轴断裂。后者多为轴向裂纹,沿斜置油孔的锐边沿轴向发展。

曲轴的横向、轴向裂纹主要是由应力集中引起的,曲轴变形和修磨不慎也会使过渡区的应力陡增,加剧曲轴的疲劳断裂。

四、曲轴的其他损伤形式

曲轴轴颈表面还可能出现擦伤和烧伤。擦伤主要是机油不清洁,其中较大的机械杂质在轴颈表面刮成沟痕。烧瓦后,轴颈表面会出现严重的擦伤刮痕,轴颈表面烧灼变成蓝色。

五、飞轮损伤

飞轮未达到图纸要求的加工质量,平衡性不良,飞轮端面轴向或圆周径向跳动量过大,使两个平面不能平和地接合,摩擦不均匀,使飞轮工作呈波浪状。飞轮旋转时,由于离合器在分离和接合的瞬时与飞轮平面存在转速差,造成两者相对滑动,使飞轮工作表面产生磨损。飞轮平面还会因高速摩擦所产生的高温而局部烧蚀硬化。飞轮安装到曲轴上后,若飞轮对曲轴主轴中心线的端面跳动量过大,将加速曲柄连杆机构及相关传动件的磨损,铆钉松脱,引起飞轮平面损伤。若驾驶人操作不当,或无自由行程,或离合器压盘压力不足,使离合器与飞轮经常处于半离合状态,也会加剧飞轮接触面的磨损。

任务实施

一、实施方案

1. 质量要求

参照厂家的质量标准要求。

2. 组织方式

每四位同学一组,检修2007款卡罗拉1.6 L AT轿车1ZR-FE发动机的曲轴飞轮组,按照企业岗位操作规范进行作业。

3. 作业准备

(1) 技术要求与标准(见表1-10)。

表1-10 丰田卡罗拉1ZR-FE发动机技术标准

任 务	标准值	极限值
曲轴主轴颈直径	47.988~48.000 mm	48.000 mm
连杆轴颈直径	43.992~44.000 mm	44.000 mm
曲轴主轴颈圆度、圆柱度	≤0.004 mm	0.004 mm
曲轴径向圆跳动	≤0.03 mm	0.03 mm
曲轴扭曲变形量	≤0°30′	0°30′
连杆轴颈圆度、圆柱度	≤0.004 mm	0.004 mm
曲轴轴承油膜间隙	0.016~0.039 mm	0.050 mm
曲轴轴向间隙	0.04~0.14 mm	0.18 mm

(2) 设备器材(见图1-44)。

(a) 常用工具一套　　(b) 塑料测隙规　　(c) 百分表及磁性表座

(d) 高度游标卡尺　　(e) 25~50 mm外径千分尺　　(f) 电磁探伤仪

(g) 刀口形直尺　　(h) 塞尺　　(i) V形架

图1-44　设备器材

(3) 场地设施：有消防设施的场地。

(4) 设备设施：2007款卡罗拉1.6 L AT轿车1ZR-FE发动机一台、发动机台架、工具车、标保工具车、零件车、垃圾桶。

(5) 耗材：煤油、白粉、干净抹布、泡沫清洗剂。

二、操作步骤

1. 曲轴裂纹的检修

(1) 磁力探伤法。

① 清洗曲轴，可用煤油或专用清洗液(见图1-45)。

② 利用磁力探伤仪将零件磁化。

③ 在零件可能产生裂纹处撒些磁粉。

图1-45　清洗曲轴

④ 当磁力线通过裂纹边缘时,磁粉将会吸附在裂纹处,从而显现出裂纹的部位和大小。

(2) 浸油敲击法。

① 清洗曲轴。

② 将曲轴放在煤油中浸泡10分钟（见图1-46）。

③ 取出并擦净表面油膜,然后撒上白粉。

④ 用锤子分段敲击（轻敲）每道曲柄臂,如有明显油迹出现,则该处有裂纹。

(3) 目视检查。

图1-46 在煤油中浸泡曲轴

◇ 一经发现横向裂纹,曲轴即应报废。对于轴颈表面细微的纵向裂纹可结合曲轴磨削予以消除。

2. 曲轴轴颈磨损的检测

(1) 清洁曲轴,检查轴颈表面有无沟痕或烧伤。

(2) 清洁校准千分尺（见图1-47）。

图1-47 校准千分尺

检查曲轴轴径磨损

(3) 将曲轴放在V形架上,选用千分尺分别在径向和轴向上测出主轴颈和连杆轴颈的直径（测量多次并与标准值对比分析,测量方法见图1-48,标准值见表1-11）。

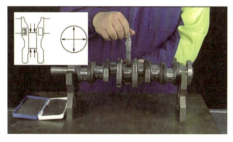

图1-48 测量曲轴主轴颈直径

表 1-11 1ZR-FE 发动机曲轴主轴颈和连杆轴颈直径的标准值

任务	标准值	极限值
曲轴主轴颈直径	47.988～48.000 mm	48.000 mm
连杆轴颈直径	43.992～44.000 mm	44.000 mm

◇ 测量时，应在轴颈的整个表面上进行，而且要避开油孔。
◇ 读取数据时，要正视微分筒刻度，确保测试的精确性。

（4）记录与计算。

圆度误差：在同一截面上测量到的最大与最小直径差值的一半，即为该断面的圆度误差。把在三个测量断面上测量到的最大的圆度误差作为该曲轴的圆度误差。

圆柱度误差：在两个断面内直径差值的一半即为曲轴的圆柱度误差。

（5）处理意见。

超过标准要求时，可用曲轴磨床按修理尺寸法对轴颈进行修磨。大修时，各轴颈的圆度和圆柱度小于或等于允许值，曲轴可不经修理直接使用，超过允许值，曲轴轴颈必须修理后方可使用。修理时，在保证磨削质量的前提下，尽可能选择最接近的修理等级，以延长曲轴的使用寿命。曲轴的连杆轴颈和主轴颈，应分别磨削成同一级别的修理尺寸，以便选配轴承，保证合理的配合间隙。

在曲轴磨削时，定位基准选择的正确与否将直接影响曲轴的加工精度。

定位基准的选择原则：根据基准统一的要求，首先应选择与曲轴制造加工时相统一的定位基准；其次，应选择在工作中不易磨损的过盈（或过渡）配合的轴颈表面。据此，在磨削主轴颈时，一般选择曲轴前端螺孔的内倒角和曲轴后端中心轴承座孔为定位基准。在磨削连杆轴颈时，可选择曲轴前端正时齿轮轴颈和曲轴后端飞轮凸缘的外圆柱面为定位基准。

磨削曲轴时应先磨削主轴颈，然后磨削连杆轴颈。

3. 曲轴弯曲变形的检测

（1）清洁曲轴。

（2）将曲轴两端未磨损的部位放于平板上的 V 形架上（见图 1-49）。

（3）校对中心水平后,用百分表进行测量。

图 1-49　V 形架

检测曲轴弯曲变形

（4）百分表的测头应对准曲轴中间的一道（与两端主轴颈比较,因中间主轴颈两侧的气缸进气道短,进气阻力小,进气充分,燃气压力大,所以中间主轴颈负荷最大,弯曲也最大）主轴颈（见图 1-50）,用手慢慢转动曲轴一圈后,百分表指示的最大摆差的一半,即为曲轴的径向圆跳动,也称为弯曲度。

图 1-50　对准曲轴中间的主轴颈

（5）技术标准：1ZR-FE 发动机曲轴的径向圆跳动（弯曲度）未超过 0.3 mm 时,曲轴可不必校正或结合磨轴予以修正；若超过时,予以校正或报废。

注意事项

◇ 将曲轴安放在 V 形架时,注意安放平稳,不能一边高一边低,造成安全隐患。

◇ 安装百分表组件时,要避开曲轴销柄,避免旋转测试中损坏仪器。

◇ 调节百分表使测头垂直抵在曲轴轴颈上且处于轴颈截面最高点。

◇ 百分表的调整螺母必须锁紧,否则会因百分表松动影响测量值。

◇ 眼睛必须与百分表平视。

4. 曲轴扭曲变形的检测

（1）清洁曲轴。

（2）清洁校正高度游标卡尺。

（3）曲轴检查弯曲变形后,将第一道连杆轴颈转到水平位置,检测第一道和最后一道连杆轴颈至平板的高度差 ΔA(mm)。然后按下式公式计算曲轴扭曲角。

$$\theta = \frac{360°\Delta A}{2\pi R}$$

曲轴扭曲变形的检测

式中：θ——扭曲角，°；
ΔA——高度差，mm；
R——曲柄半径，mm。

曲轴扭曲角应不大于 0°30′。轻微扭曲可直接在曲轴磨床上结合对连杆轴颈磨削时予以修正。严重扭曲应更换曲轴。

5. 曲轴轴向间隙的测量

（1）用清洁布清洁曲轴主轴颈、下轴承并用压缩空气吹净。

（2）用清洁布清洁曲轴主轴承盖外表面并用压缩空气吹净。

（3）安装曲轴，使曲轴轴向止推片安装在第三道主轴承盖处，止推片的合金层应朝向曲柄臂。

检测曲轴轴向间隙

（4）将磁性表座（见图 1-51）吸附在曲轴前端气缸体上，使百分表测头沿曲轴轴向抵在曲轴上，对百分表预压（1 mm）、调零。

图 1-51 磁性百分表座

（5）用头部缠有黑胶带的螺钉旋具前后撬动曲轴，观察百分表长指针的摆差，即为曲轴轴向间隙。

（6）技术标准。

标准曲轴轴向间隙：0.04~0.14 mm；
最大曲轴轴向间隙：0.18 mm。

（7）若轴向间隙大于最大值，则成套更换止推片，并重新检测。

◇ 止推片厚度为 2.43~2.48 mm。

6. 曲轴轴承油膜间隙的测量

（1）在曲轴主轴颈、曲轴下轴承涂抹少量润滑油。

（2）按轴承宽度，切割塑料间隙规长

度,将塑料间隙规沿轴向放在曲轴主轴颈和下轴承之间。

(3) 安装曲轴主轴承盖并按规定力矩紧固。

◇ 使用旧的主轴承应做好记号,不得互换,安装后不要转动曲轴。

(4) 拆下曲轴主轴承盖。

(5) 测量塑料间隙规最宽处。

(6) 技术标准:曲轴轴承的标准油膜间隙为 0.016～0.039 mm,最大油膜间隙为 0.050 mm。

(7) 若油膜间隙大于最大值,则更换曲轴轴承。

7. 飞轮的检修

检查飞轮工作表面是否有明显的划伤沟槽。用刀口形直尺、塞尺或百分表检查飞轮的平面度,应不大于 0.20 mm,否则应采用车削或磨削的方法修平或更换飞轮。

飞轮齿圈轮齿磨损严重或出现裂纹时,可将齿圈均匀加热至 50～200℃,然后轻轻敲下,再将新齿圈加热到 200℃,趁热压装到飞轮上。更换齿圈后,必须对飞轮进行静平衡试验,不平衡量不得超过 10 g·cm。

在更换飞轮或齿圈、离合器压盘或总成及修整飞轮工作平面之后,都应重新进行组件的动平衡试验,应加上动平衡量要求。

一、曲轴飞轮组常见的损伤形式

曲轴飞轮组件的主要损伤形式有曲轴的磨损、曲轴弯曲与扭曲变形、曲轴的裂纹与断裂、曲轴的其他损伤形式和飞轮损伤等。

二、曲轴飞轮组的检修

(1) 曲轴裂纹的检查。

(2) 曲轴轴颈磨损的检测。

(3) 曲轴弯曲变形的检测。

(4) 曲轴扭曲变形的检测。

(5) 曲轴轴向间隙的检测。

(6) 曲轴轴承油膜间隙的检测。

(7) 飞轮的检修。

一、课堂练习

1. 判断题

(1) 曲轴弯曲变形将影响配气正时和点火正时。（　　）

(2) 曲轴轴颈的圆度、圆柱度的标准值为 0.02 mm，磨损极限值为 0.03 mm。（　　）

(3) 飞轮与曲轴装配后应进行静平衡试验。（　　）

2. 单选题

(1) 曲轴的磨削顺序是（　　）。

  A. 先磨连杆轴颈　　　　　　　　B. 先磨主轴颈

  C. 从前向后依次磨削各轴颈　　　D. 连杆轴颈和主轴颈同时磨削

(2) 以下不是曲轴常见损伤形式的是（　　）。

  A. 裂纹　　　　B. 变形　　　　C. 磨损　　　　D. 烧蚀

二、技能评价（见表1-12）

表1-12 技能评价表

序号	内　　容	分值	得分
1	曲轴裂纹的检查	20	
2	曲轴轴颈磨损的检测	20	
3	曲轴弯曲变形的检测	20	
4	曲轴扭曲变形的检测	20	
5	曲轴轴承油膜间隙的测量	10	
6	曲轴轴向间隙的测量	10	
总　分		100	

（注：操作规范即得分，操作错误或未进行操作即0分）

学习拓展

一、发动机机械系统故障的表现及影响

汽车发动机是由各总成和零部件组成的。随着行驶里程的增加,会产生机械磨损和化学腐蚀,使零部件原有的尺寸、几何形状发生改变,配合间隙增大;长期承受交变载荷的作用而产生疲劳损坏;零件受到外载荷、高温、残余应力作用而变形;橡胶及塑料非金属制品和电器元件因长时间工作而老化,严重时产生裂纹和损伤,其强度、硬度和弹性变差。这些都将引起汽车发动机技术状况变差,动力性、经济性下降,使用可靠性降低,甚至导致发动机各种机械故障的发生。

现代汽车发动机结构复杂,出现的机械系统故障也多种多样,对其归纳分类,有助于故障成因的分析和故障部位的判断。

1. 工况异常

工况异常是指汽车发动机的工作状况突然出现了不正常现象,这是比较常见的工作症状。例如:发动机突然熄火后再起动困难,甚至不能起动;发动机在行驶中动力突然下降、行驶无力等。这些故障的现象明显,容易察觉,但其原因复杂,涉及较多的系统,而且往往是由渐变到突变。比如,起动困难的故障原因涉及发动机起动系统、点火系统、燃油供给系统及机械部分。因此,在发动机故障诊断时应认真分析追溯突变前有无可疑症状,去伪存真,判明故障的存在。

2. 声响异常及振抖

有些故障可引起汽车发动机的不正常响声。出现异响预示着:配合零件可能装配不当、零件变形、配合副磨损造成配合副间隙不合适。异响故障症状明显,容易发现。但若不及时处理可能酿成机件的大事故,因此要认真对待。事实证明,凡响声沉重,并伴有明显振抖现象的机械故障多为恶性故障,应立即停机,查明原因。一般情况下,异响原因不同而响声特征和规律也不同,在判断时,应正确分辨,仔细查听。

3. 温度异常

在正常情况下,无论汽车工作多长时间,发动机各系统和机构应保持一定的工作温度,超过这个温度,称为温度异常。比如,轿车发动机冷却系统的正常温度为 95~105℃,超过此温度范围则为发动机过热。

4. 排气烟色异常

发动机在运行过程中,正常的燃烧生成物应表现为无明显颜色的烟雾。若燃烧不正常,烟雾的颜色将发生改变,将会排出黑烟、蓝烟或白烟。排黑烟主要是因为燃料燃烧不完全,烟雾中含有大量的炭烟;排蓝烟主要是因为机油进入燃烧室被燃烧;排白烟主要是因为燃油中有水或水进入排气管内。排气烟色已成为发动机故障诊断的重要依据。

5. 燃润料消耗异常

燃料、润滑油消耗异常也是一种故障现象。润滑油消耗增加,原因通常是渗漏。渗漏有向外渗漏和向内渗漏之分。外漏是润滑油漏出发动机体外的故障现象,很容易被发现。内漏是指润滑油进入燃烧室,常伴有冒蓝烟现象。渗漏易造成发动机润滑油量不足,从而引起发动机过热和运动件表面的拉伤甚至烧毁。因此,燃润料消耗异常是发动机存在故障的一个重要诊断依据。

6. 气味异常

燃油渗漏会伴有明显的气味。发动机机油和冷却液的外漏,遇高温会散发出特殊气味。机油内漏参与燃烧时,在排气管会有难闻的气味。一旦发现气味异常,应立即停车检查。

二、发动机机械系统故障的诊断方法

汽车故障诊断的基本原则可概括为:搞清现象、结合原理、区别情况、周密分析、从简到繁、由表及里、诊断准确、少拆为益。发动机机械系统故障更需要抓住故障现象的特征,分析造成故障原因的实质,尽量避免盲目拆卸,更要注意防止因不规范的拆装而造成新的故障。

汽车故障诊断方法有:直观诊断法、经验诊断法和仪器诊断法。

1. 直观诊断法

有问、看、听、嗅、摸和试等六种方法。

"问"就是调查;"看"就是观察;"听"就是通过辨听声音来判断发动机运转以及汽车运行状况;"嗅"就是凭借嗅觉察知发动机在运行中有无异常气味;"摸"就是用手接触可能发生故障的机件的工作温度及其振动情况;"试"是通过试车来找出故障的部位。故障的直观诊断需要根据具体情况灵活运用,一般机械故障通过"问、看、听、嗅、摸、试"得到故障信息,经进一步综合分析,都能准确、迅速地查出故障。

2. 经验诊断法

有隔离法、试探法、比较法等。

隔离法就是部分地隔离或隔断某些系统或某些部件的工作,通过观察故障现象的变化来确定故障范围或部位的方法。当隔离或隔断某部位后,若故障现象立即消失,则说明故障发生在此部位或与此部位相关的系统;若故障现象依然存在,说明故障在其他部位。比如,对发动机采用单缸断火法(或单缸断油法)来判断故障缸。又如,将变速杆放在空挡位置,断续地接合和分离离合器,根据声音的变化判断响声是发生在变速器还是离合器。

试探法是指对故障可能产生的部位通过试探性的排除或调整来判断其是否正常。比如,当怀疑是气门间隙过大(或液压挺柱故障)引起气门异响,可用塞尺塞入气门杆与气门摇臂端(或气门杆与液压挺柱端),若异响消失或减轻,则故障原因即为气门间隙过大(或液压挺柱故障);若异响声不变,再查其他部位。

比较法常用于在不能准确判断部件技术状况时,将怀疑有故障的零部件与工作正常的相同件对换,根据换件后故障现象的变化来判断所换件是否有故障。如:当某缸不工作,怀疑火花塞工作不正常时,可将一个正常的火花塞换上,若故障消失,说明该火花塞工作不正常。

3. 仪器诊断法

使用仪器设备,通过测量发动机总成、机构的诊断参数,可实现对发动机的不解体检测诊断。仪器诊断法具有安全、快速、准确、预见性好等特点,是汽车故障诊断的发展方向。比如,在就车检测时,只要测量气缸压缩压力、进气歧管真空度、气缸漏气量或气缸漏气率、曲轴箱窜气量等其中的一项或几项,就能确定气缸密封性不良产生的部位及可能原因。

项目二 配气机构检修

项目导入

配气机构主要由三大部分组成：气门组、气门传动组及气门驱动组（见图2-1）。
- 气门组由气门、气门座、气门导管、气门油封、气门弹簧及气门锁片等组成。
- 气门传动组由凸轮轴、气门挺柱、摇臂等组成。
- 气门驱动组由正时链、凸轮轴正时齿轮、曲轴正时齿轮以及传动链等组成。

配气机构检查

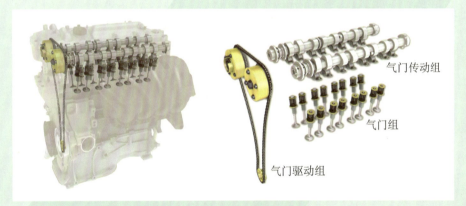

图2-1 配气机构安装位置及组成

配气机构是控制发动机进气和排气的装置，其作用是按照发动机的工作顺序和各缸工作循环的要求，定时开启和关闭进、排气门，以便在进气行程使尽可能多的可燃混合气（汽油机）或空气（柴油机）进入气缸，在排气行程将尽可能多的废气快速排出气缸。

配气机构的某些零件，常受到高温气流和载荷的冲击，且润滑条件差。在长期工作中，这些零件会产生磨损、烧蚀或变形，使其配合性质发生变化，从而影响发动机的动力性和经济性。

本项目以卡罗拉1ZR-FE发动机顶置凸轮轴配气机构为例，对其组件进行检修，使学生掌握配气机构常见损伤及检修方法。

学习目标

素养目标
- 了解安全操作要求,养成安全文明操作的习惯。
- 养成组员之间互相协作的习惯。
- 实施操作结束后,清洁工具,并将工具设备归位,清洁场地。

技能目标
- 根据技术标准对气门组、气门传动组及气门驱动组进行检修。

知识目标
- 能够描述配气机构中主要零部件的常见损伤形式、成因及检测方法。
- 阐述配气机构中主要零部件的结构与相互之间的关系。

学习任务

学习任务 1
◇ 气门组检修

学习任务 2
◇ 气门传动组检修

学习任务 3
◇ 气门驱动组检修

项目二　配气机构检修

学习任务 1　气门组检修

任务目标
◎ 能够正确描述气门组主要零部件常见损伤形式。
◎ 能够掌握气门组主要零部件的检修方法。

学习重点
◎ 气门组常见损伤形式及其对应的检修方法。

一、气门组的结构

气门组主要由气门、气门座、气门导管、气门锁片、气门油封、气门弹簧及弹簧座等组成(见图 2-2)。通常情况下,进气口的直径要大于排气口,主要是为了增加进气量,提高燃烧效率,从而获得更好的动力输出。

为什么进气门比排气门大且多

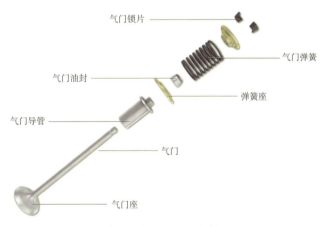

图 2-2　气门组结构

二、气门组常见的损伤

1. 气门常见的损伤

气门的常见损伤有气门工作面磨损、气门杆变形、气门杆磨损、气门杆端面磨损等。当气门出现这些损伤时,可酌情修复或更换(见图 2-3)。

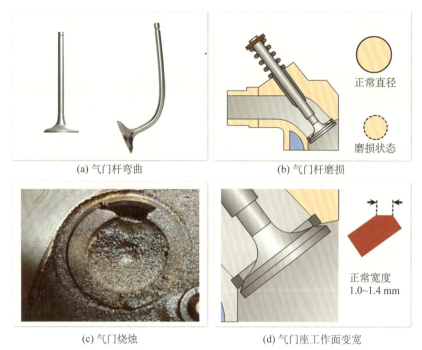

图 2-3 气门和气门座常见损伤

2. 气门座常见的损伤

气门座的损伤主要是由于冲击负荷的作用引起塑性变形,同时还受高温气体的烧蚀,长期连续不断的启闭,使气门座工作表面宽度增大(见图 2-3),表面凹陷、斑点、烧蚀,造成气门关闭不严而漏气。通常采用对气门座进行铰削和磨削的方式予以修复。

3. 气门导管常见的损伤

发动机工作中,气门杆在气门导管中滑动。由于二者在工作中磨损,致使配合间隙增大,造成气门与气门座之间密封不良或偏磨。

4. 气门弹簧常见的损伤

气门弹簧的常见损伤有:弯曲变形、弹力减弱、擦伤、端面不平、裂纹和折断等。

一、实施方案

1. 质量要求

参照厂家的质量标准要求。

2. 组织方式

每四位同学一组,对 2007 款卡罗拉 1.6 L AT 轿车 1ZR-FE 发动机上的气门组进行检修,按照企业岗位操作规范进行作业。

3. 作业准备

（1）技术要求与标准。

① 用线性检验法检验气门的密闭性时,检查气门上所画线条,若线条全部切断,表示密封良好,若线条未全部切断,表示密封不良。

② 用气压检验法检验气门的密闭性时,需用橡皮球向储气筒内打入 58.8 kPa～68.6 kPa 的空气,检查储气筒内气压值,若 30 秒内气压值降低不大于 20%,则说明气门密封性良好。

③ 气门座离气门锥面太高,须用 30°与 45°气门座铰刀修正气门座。若离气门锥面太低,须用 60°与 45°气门座铰刀修正气门座。

（2）设备器材（见图 2-4）。

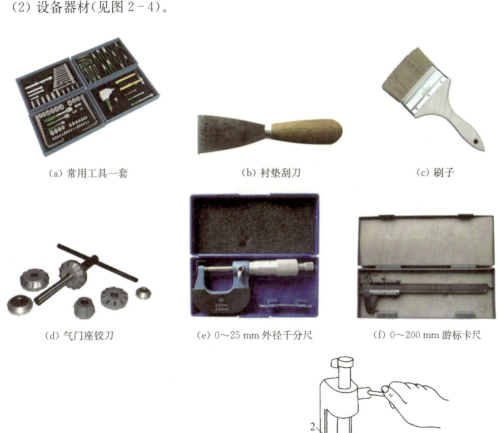

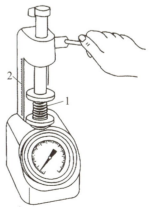

图 2-4 设备器材

（3）场地设施：有消防设施的场地。

（4）设备设施：2007款卡罗拉1.6 L AT轿车发动机一台、发动机台架、工具车、标保工具车、零件车、垃圾桶。

（5）耗材：干净抹布、泡沫清洗剂。

二、操作步骤

1. 气门检修

（1）准备工作。

① 拆卸气门（见图2-5）。

检查气门

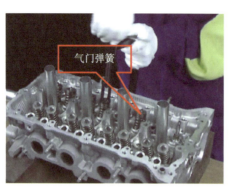

（a）拆卸气门弹簧

（b）取出气门

图2-5 拆卸气门

图2-6 清洁气门积炭

② 清洗气门，用衬垫刮刀将气门端部的积炭刮干净（见图2-6），并用钢丝刷彻底清洁气门（见图2-7）。

(2) 外观检验。

如发现气门有裂纹、破损或熔蚀烧损时,应更换气门。

(3) 气门工作面磨损的检修。

气门工作面磨损将破坏气门与气门座的密封性,从而导致漏气,并改变气门间隙,因此必须进行认真检查。

检查气门工作面的磨损,主要观察气门工作面是否有斑点、烧蚀、刻痕和凹陷。损伤严重的予以更换。气门工作面的修理工作主要在气门光磨机上进行,其主要目的是磨去工作面上烧蚀的麻点和凹坑,增强与气门座之间的密封性。

图 2-7　用刷子清洁气门

气门经光磨修理后,其边缘逐渐变薄,工作时容易变形和烧蚀,气门头部最小边缘厚度不得低于最小允许极限,否则应更换气门(见图 2-8)。标准边缘厚度为 1.0 mm;最小边缘厚度为 0.5 mm。

(4) 气门杆磨损的检修。

气门杆磨损,使气门杆与气门导管孔的间隙增大,易使气门歪斜,导致气门关闭不严而漏气。当高温废气通过气门导管孔间隙,使气门及气门导管过热,加速它们的磨损,并可能由于气门导管中润滑油烧结,使气门卡死而无法工作。

图 2-8　气门的边缘厚度

气门杆磨损用千分尺测量,测量部位在气门杆上、中、下三个箭头所示部位(见图 2-9)。若测得的数值不符合规定,则检查油膜间隙(参见步骤 2 "气门导管的检修")。1ZR-FE 发动机的进气门气门杆直径: 5.470～5.485 mm;排气门气门杆直径: 5.465～5.480 mm。

(5) 气门杆端面磨损的检修。

气门杆端面磨损,往往使端面不平。当气门顶起时,挺柱(或摇臂)的作用力将产生侧向力,使气门杆歪斜,气门关闭不严。

将气门放在两个 V 形架上,用百分表检查其端面,百分表指针摆差应不大于 0.03 mm,否则可用气门光磨机修磨,将气门杆端面磨平。

气门杆端面磨损也可通过检视法检查,检查气

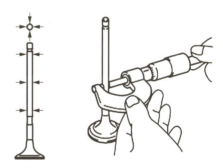

图 2-9　用千分尺测量气门杆位置

门杆端部,若能看到明显的端面凹陷,可用气门光磨机修磨。

气门杆端面磨损与气门工作面的损伤在维修中是同时在气门光磨机上修复的。

修磨后需检查气门全长(见图 2-10),进气门的标准全长为 109.34 mm;排气门的标准全长为 108.25 mm。进气门的最小全长为 108.84 mm;排气门的最小全长为 107.75 mm。若气门长度小于最小值,则应更换气门。

(6) 气门杆弯曲的检修。

气门杆弯曲可用百分表来测定,操作方法如下:

① 将气门支承在两个相距 100 mm 的 V 形架上。

② 将百分表测头抵在气门杆中间,转动气门杆一圈,百分表所示的最大与最小读数之差,即为气门杆的弯曲度。

③ 将百分表测头抵住气门头平面,转动气门一圈,百分表最大与最小之差即为气门头部的倾斜度误差。

④ 若气门弯曲度误差超过 0.05 mm,倾斜度误差超过 0.03 mm,应更换气门。

2. 气门导管的检修

(1) 检查气门导管衬套油膜间隙(见表 2-1 和表 2-2)。

① 用千分尺测量气门导管衬套的内径。衬套内径为 5.510~5.530 mm。

② 用导管衬套内径测量值减去气门杆直径测量值即为气门导管油膜间隙。

图 2-10 检查气门全长

表 2-1 标准油膜间隙

任务	规定状态	任务	规定状态
进气	0.025~0.060 mm	排气	0.030~0.065 mm

表 2-2 最大油膜间隙

任务	规定状态	任务	规定状态
进气	0.080 mm	排气	0.085 mm

如果间隙大于最大值,则更换气门和导管衬套。

(2) 装配气门导管衬套(具体步骤略)。

(3) 气门导管衬套的铰削。

气门导管衬套装配后,用 5.5 mm 锋利铰刀铰削气门导管衬套,以使导管衬套与气门杆之间达到标准间隙。

3. 气门座的检修

(1) 清洗气门座。

用 45°碳化物陶瓷刀具将气门座重新抛光,去掉适量金属以清理气门座(见图 2-11)。

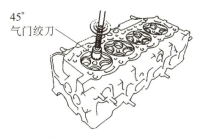

图 2-11 清洗气门座

(2) 检查气门座位置。

在气门表面上涂抹薄薄一层普鲁士蓝(或铅白),轻压气门至气门座,不要转动气门,检查气门落座位置(见图 2-12)。若气门面的蓝色颜料绕着气门中心呈 360°,则表示气门同轴,否则应更换气门。若气门座上的蓝色颜料绕着气门座中心呈 360°,则表示导管与表面同轴,否则应更换气门。

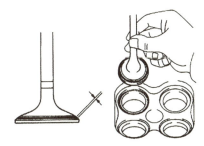

图 2-12 检查气门落座位置

检查气门座接触面是否在气门锥面中间偏下,其宽度为 1.0~1.4 mm(见图 2-13),否则应修正气门座。若离气门锥面太高,用 30°与 45°气门座铰刀修正气门座。若离气门锥面太低(见图 2-14),用 60°与 45°气门座铰刀修正气门座。

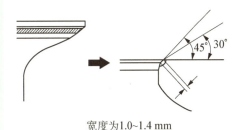

宽度为1.0~1.4 mm

图 2-13 气门座与气门锥面接触面位置

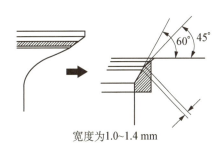

宽度为1.0~1.4 mm

图 2-14 气门落座偏低位置

(3) 研磨气门座。

研磨方法包括：手工研磨和机动研磨。

① 手工研磨（见图 2-15）。

a. 在气门锥面上涂抹一层粗研磨膏。

(a) 涂抹粗研磨膏

b. 在气门大端平面上涂抹机油，并将气门插入气门导管内。

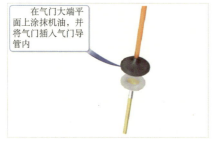

(b) 将气门插入气门导管内

c. 用气捻子吸住气门，带动气门向一个方向旋转，并与气门座不断轻拍，直到在气门锥面出现一条完整、边界清晰的接触环带。

(c) 用气捻子吸住气门

d. 清除气门锥面上的粗研磨膏，涂抹上细研磨膏。

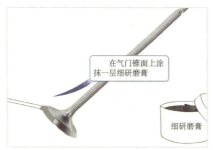

(d) 涂抹细研磨膏

e. 同样方法继续研磨，使接触环带呈现均匀的瓦灰色。最后滴上机油继续研磨数分钟，检查研磨效果。

(e) 继续研磨

图 2-15 手工研磨流程

② 机动研磨(见图 2-16)。

a. 在气门锥面上涂抹一层研磨膏。

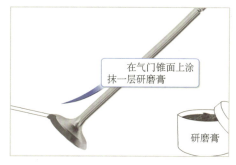

(a) 涂抹研磨膏

b. 在气门杆涂抹一层润滑油,并装入气门导管内,在气门大端平面涂抹一层薄机油,以便橡皮碗能吸起气门。

(b) 装入气门导管

c. 轻轻压下研磨机,研磨机旋转并拍打气门。

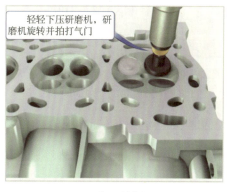

(c) 轻压研磨机

图 2-16 机动研磨流程

(4) 气门密封性检测。

① 线性检验法(见图 2-17)。

a. 在气门工作面上每隔 8 mm 画一条线。

(a) 画一条线

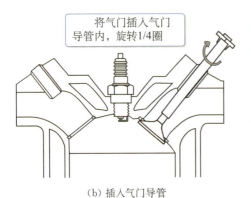

(b) 插入气门导管

b. 然后将气门插入气门导管内，旋转 1/4 圈。

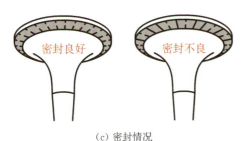

(c) 密封情况

图 2-17 线性检验法

c. 检查气门上所画线条，若线条全部切断，表示密封良好，若线条未全部切断，表示密封不良。

图 2-18 浸油检验法

② 浸油检验法。

在气门内倒入油液至气门顶面，检查气门与气门座之间是否有渗漏现象，若 5 分钟没有渗漏现象，则说明气门密封良好；若有渗漏现象，气门与气门座需要研磨（见图 2-18）。

图 2-19 气压检验法

③ 气压检验法。

a. 将气门密封性试验仪压在气门与气门座上的缸盖平面上（见图 2-19）。

b. 用橡皮球向储气筒内打入 58.8 kPa～68.6 kPa 的空气。

c. 检查储气筒内气压值，若 30 秒内气压值降低值不大于 20%，则说明气门密封性良好，反之，说明气门密封性不良，气门与气门座需要重新研磨。

(5) 气门座的装配(具体步骤略)。

4. 气门弹簧的检修

(1) 检视法。

观察清洗后的气门弹簧外表有无变形、裂纹等缺陷，如有则需更换。

(2) 气门弹簧自由长度检查。

使用游标卡尺，测量气门弹簧的自由长度（见图 2-20）。如果自由长度不符合规定（自由长度为 53.36 mm），则更换气门弹簧。

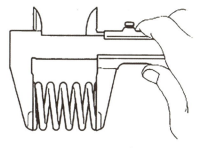

图 2-20 测量气门弹簧的自由长度

检查气门弹簧

(3) 气门弹簧偏移量的检查。

用直角尺测量气门弹簧的偏移量（见图 2-21），最大偏移量为 1.0 mm。

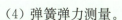

图 2-21 测量气门弹簧的偏移量

(4) 弹簧弹力测量。

用弹簧测试仪测量气门弹簧在规定的安装长度时的压力（见图 2-22），将弹簧压至规定长度，弹簧测试仪上读数即为所测弹簧弹力。若弹簧弹力不符合规定，则应更换气门弹簧。

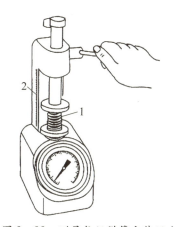

图 2-22 测量气门弹簧安装压力

任务小结

一、气门组的结构

气门组主要由气门、气门座、气门导管、气门锁片、气门油封、气门弹簧及弹簧座等组成。

二、气门组常见的损伤

(1) 气门常见的损伤。

(2) 气门座常见的损伤。

(3) 气门导管常见的损伤。

(4) 气门弹簧常见的损伤。

三、气门座的研磨方法

手工研磨和机动研磨。

四、气门密封性的检测方法

（1）线性检验法。

（2）浸油检验法。

（3）气压检验法。

五、气门组的检修

（1）气门检修。

（2）气门导管的检修。

（3）气门座的检修。

（4）气门弹簧的检修。

一、课堂练习

1. 判断题

（1）气门头部最小边缘厚度不得低于最小允许极限 0.5 mm，否则应更换气门。（　　）

（2）检测气门杆端面磨损，将气门放在两 V 形架上，用百分表检查其端面，百分表指针摆差应不大于 0.02 mm。（　　）

（3）气门导管衬套的内径范围：5.510～5.530 mm。（　　）

（4）用气门导管衬套内径测量值减去气门杆直径测量值所得数值为气门导管油膜间隙。（　　）

（5）检查气门座位置时，若气门座上的蓝色颜料绕着气门座中心呈 360°，则表示气门同轴。（　　）

（6）在检查气门的过程中，发现气门座接触面离气门锥面太低，需用 60°与 45°刀具修正气门座，直至其宽度为 1.0～1.4 mm。（　　）

2. 单选题

（1）丰田 1ZR-FE 发动机的进气门气门杆的标准直径为（　　）。

　　A. 5.460～5.480 mm　　　　B. 5.465～5.470 mm

　　C. 5.470～5.485 mm　　　　D. 5.465～5.485 mm

（2）丰田 1ZR-FE 发动机进、排气门的标准全长分别为（　　）。

　　A. 109.34 mm、108.25 mm　　B. 108.84 mm、107.75 mm

　　C. 108.34 mm、107.25 mm　　D. 108.34 mm、108.75 mm

（3）丰田 1ZR-FE 发动机进、排气门导管衬套的标准油膜间隙为（　　）。

A. 0.035～0.060 mm、0.030～0.055 mm

B. 0.025～0.066 mm、0.040～0.065 mm

C. 0.035～0.065 mm、0.035～0.060 mm

D. 0.025～0.060 mm、0.030～0.065 mm

(4) 气压检验法检测气门密封性时,储气筒内气压值在 30 秒内气压值降低至少不大于（   ),说明气门密封性良好。

A. 10%　　　　B. 15%　　　　C. 20%　　　　D. 25%

二、技能评价（见表2-3）

表2-3 技能评价表

序号	内　　容	分值	得分
1	气门的检修	25	
2	气门导管的检修	25	
3	气门座的检修	25	
4	气门弹簧的检修	25	
	总　分	100	

(注：操作规范即得分,操作错误或未进行操作即 0 分)

学习任务 2　气门传动组检修

任务目标
◎ 能够正确描述气门传动组常见损伤形式。
◎ 能够掌握气门传动组检修方法。

学习重点
◎ 气门传动组常见损伤形式及其对应的检修方法。

一、气门传动组的结构

气门传动组主要由排气凸轮轴、进气凸轮轴、摇臂、气门挺柱等组成（见图 2-23）。气门传动组的作用是使进、排气门能按发动机工作需求在规定的时刻开闭，并且保证有足够的开度。

图 2-23　气门传动组组成

二、气门传动组常见的损伤

1. 凸轮轴常见的损伤

凸轮轴常见的损伤包括异常磨损、弯曲以及断裂（见图 2-24）。凸轮轴几乎位于发动机润滑系统的末端，因此润滑状况不容乐观，如果润滑系统因供油不足或堵塞使润滑油无法进入凸轮轴间隙，则会造成凸轮轴异常磨损。如果在检修时没有按照操作规范进行拆装，动作

(a) 凸轮磨损

(b) 凸轮轴弯曲变形

图2-24 凸轮轴常见损伤

粗暴,则会造成凸轮轴弯曲甚至断裂。

2. 挺柱常见的损伤

常见的挺柱分为机械式和液压式(见图2-25)。

机械式挺柱可以减小摩擦造成的对挺柱的侧向力,但是需设置气门间隙调节装置;液压式挺柱消除了配气机构在工作时产生的冲击力,并且可实现无间隙传动,不需要气门间隙调节装置。本任务以卡罗拉1ZR-FE发动机的液压式挺柱为例学习液压挺柱的检修。

(a) 机械式　　　　　　(b) 液压式

图2-25 挺柱的常见类型

液压挺柱常见的损伤形式主要表现为发出异响。液压挺柱能自动地消除气门间隙,减小发动机工作时的噪声,而且在发动机检修中无须调整气门间隙。这种发动机如果在运转中出现气门脚响(有节奏的"嗒、嗒、嗒"的声音,音调清脆),说明液压挺柱有故障,其原因可能是:

(1) 发动机机油油面过高或过低,致使有气泡的机油进入液压挺柱中,形成弹性体而产生气门脚响。

（2）机油压力过低，液压挺柱中缺少润滑油，使空气进入液压挺柱中，产生气门脚响。

（3）发动机长期放置不用，使液压挺柱被过分压缩，重新起动后没有得到足够的机油补充而使空气进入，产生气门脚响。

（4）液压挺柱失效。当采用液压挺柱的发动机出现气门脚响时，应先检查机油油面，若油面太低，应添加机油至标准高度。起动发动机，并使之运转至正常工作温度，然后以 2 000 r/min 的转速运转发动机约 2 分钟，若此时气门脚响的现象消失，则可继续使用发动机，无须拆修。若气门脚响的现象仍存在，则应拆检。对于拆下的液压气门挺柱，可用手指捏住液压挺柱的上、下端面用力按压，如有弹性，则说明该液压挺柱已失效，应更换。

3. 摇臂的常见损伤

摇臂的损伤主要是摇臂头的磨损，以及轴承磨损松旷（见图 2-26）。

 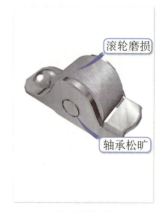

(a) 正常状态　　　　　(b) 摇臂磨损

图 2-26　摇臂头磨损

一、实施方案

1. 质量要求

参照厂家的质量标准要求。

2. 组织方式

每四位同学一组，对 2007 款卡罗拉 1.6 L AT 轿车 1ZR-FE 发动机上的气门传动组检修，按照企业岗位操作规范进行作业。

3. 作业准备

（1）技术要求与标准。

① 安装进、排气凸轮轴时，须确保凸轮轴的锁销位置正确。

② 安装凸轮轴轴承盖时，须确保凸轮轴轴承盖的标记和位置正确。

(2) 设备器材(图 2 - 27)。

(a) 常用工具(一套)

(b) 百分表

(c) 千分尺

图 2 - 27　设备器材

(3) 场地设施：有消防设施的场地。

(4) 设备设施：2007 款卡罗拉 1.6 L AT 轿车 1ZR - FE 发动机一台、发动机台架、工具车、标保工具车、零件车、垃圾桶。

(5) 耗材：干净抹布、泡沫清洗剂。

二、操作步骤

1. 凸轮轴的检修

(1) 拆卸凸轮轴。

① 拆卸凸轮轴轴承盖。

a. 使用 10 mm 套筒、接杆、棘轮扳手按从两边到中间的顺序，均匀地拧松并拆下 10 个轴承盖螺栓(见图 2 - 28)。

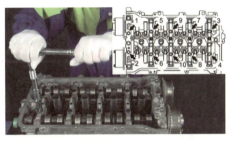

凸轮轴检测方法

图 2 - 28　拆卸 10 个轴承盖螺栓

b. 在曲轴的连杆轴颈处于水平状态时，使用 12 mm 套筒、接杆、棘轮扳手按从两边到中间的顺序，均匀拧松并拆下 15 个轴承盖螺栓(见图 2 - 29)。

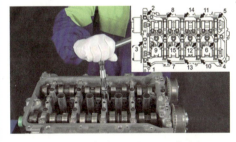

图 2 - 29　拆卸 15 个轴承盖螺栓

c. 拆下 5 个轴承盖，并按正确的顺序摆放拆下的零件(见图 2 - 30)。

图 2 - 30　拆卸 5 个轴承盖

图 2-31 取下凸轮轴

② 拆卸凸轮轴。

用手取下进、排气凸轮轴(见图 2-31)。

◇ 取下凸轮轴时要小心,避免碰到气缸盖上的其他零件。

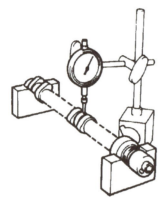

图 2-32 测量中心轴颈的径向圆跳动

(2) 检查凸轮轴。

① 检查凸轮轴。

a. 检查凸轮轴的径向圆跳动。

将凸轮轴放在 V 形架上,用百分表测量中心轴颈的径向圆跳动(见图 2-32)。

如果径向圆跳动大于规定状态最大值(见表 2-4),则更换凸轮轴。

表 2-4 凸轮轴径向圆跳动最大值

检测内容	检测条件	规定状态
凸轮轴径向圆跳动	—	最大 0.04 mm

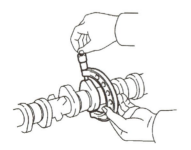

图 2-33 测量凸轮凸角的高度

b. 检查凸轮凸角。

用千分尺测量凸轮凸角的高度(见图 2-33)。

如果凸轮凸角高度小于最小值(见表 2-5),则更换凸轮轴。

表2-5 凸轮凸角高度标准数据

检测内容	检测条件	标准数据
1号凸轮凸角高度	—	最小 42.666 mm
		标准：42.816～42.916 mm
2号凸轮凸角高度		最小 44.186 mm
		标准：44.336～44.436 mm

c. 检查凸轮轴轴颈。

用千分尺测量轴颈的直径（见图2-34）。

如果轴颈直径不符合规定（见表2-6），则检查油膜间隙。

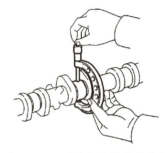

图2-34 测量凸轮轴轴颈的直径

表2-6 各轴颈直径标准数据

检测内容	检测条件	标准数据
1号轴颈直径	—	34.449～34.465 mm
其他轴颈直径		22.949～22.965 mm

② 检查凸轮轴油膜间隙（见图2-35）。

a. 清洁轴承盖和凸轮轴轴颈。

b. 将凸轮轴放到凸轮轴壳上。

c. 将塑料间隙规摆放在各凸轮轴轴颈上。

d. 安装轴承盖。

e. 拆下轴承盖。

f. 测量塑料间隙规最宽处。

如果油膜间隙大于最大值（见表2-7），则更换凸轮轴。如有必要，则更换气缸盖。

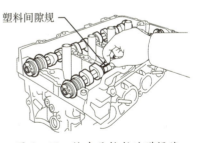

图2-35 检查凸轮轴油膜间隙

表2-7 各轴颈油膜间隙标准数据

检测内容	检测条件	标准数据
1号轴颈油膜间隙	—	标准 0.030～0.063 mm
		最大 0.085 mm
其他轴颈油膜间隙	—	标准 0.035～0.072 mm
		最大 0.090 mm

注意事项

◇ 检查后,应及时移除塑料间隙规。

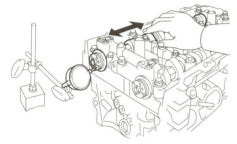

图 2-36 测量凸轮轴轴向间隙

③ 检查凸轮轴轴向间隙(见图 2-36)。

a. 安装凸轮轴。

b. 来回移动凸轮轴的同时,用百分表测量轴向间隙。

如果轴向间隙大于最大值(见表 2-8),则更换凸轮轴壳。如果止推面损坏,则更换凸轮轴。

表2-8 凸轮轴轴向间隙标准数据

检测内容	检测条件	标准数据
凸轮轴轴向间隙	—	标准 0.060～0.155 mm
		最大 0.170 mm

图 2-37 确认凸轮轴锁销位置

(3) 安装凸轮轴。

① 安装凸轮轴。

a. 使用压缩空气清洁凸轮轴接触面。

b. 安装进、排气凸轮轴,并确保凸轮轴的锁销位置正确(见图 2-37)。

② 安装凸轮轴轴承盖。

a. 使用压缩空气清洁凸轮轴轴承盖。

b. 依次安装 5 个凸轮轴轴承盖,并确保凸轮轴轴承盖的标记和位置正确(见图 2-38)。

图 2-38　依次安装 5 个凸轮轴轴承盖

c. 安装 10 个凸轮轴轴承盖螺栓,使用 10 mm 套筒、接杆、扭力扳手按照从中间到两边的顺序将螺栓紧固至 16 N·m(见图 2-39)。

图 2-39　紧固凸轮轴轴承盖螺栓

d. 安装 15 个轴承盖固定螺栓,使用 12 mm 套筒、接杆、扭力扳手按照从中间到两边的顺序将螺栓紧固至 27 N·m(见图 2-40)。

图 2-40　紧固 15 个轴承盖固定螺栓

2. 液压挺柱的检修

(1) 拆卸液压挺柱。

① 拆下 16 个气门摇臂。

② 从气缸盖上拆下 16 个液压挺柱(气门间隙调节器)(见图 2-41)。

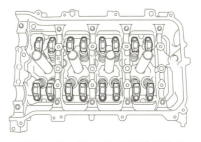

图 2-41　16 个气门摇臂的位置

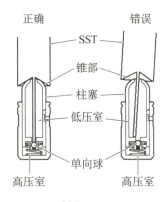

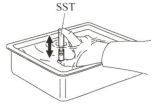

图 2-42 检查液压挺柱

(2) 检查液压挺柱(见图 2-42)。

① 将液压挺柱(气门间隙调节器)放入装有发动机机油的容器中。

② 将 SST 顶端插入液压挺柱(气门间隙调节器)的柱塞中,并用顶端挤压柱塞中的单向球。

③ 将 SST 和液压挺柱(气门间隙调节器)用手指捏住,上下移动柱塞 5~6 次。

④ 检查柱塞的运动情况并放气。正常情况下柱塞可上下移动。

⑤ 放气后,拆下 SST。然后用手指迅速且用力地按压柱塞。正常情况下柱塞很难移动。

如果结果不符合规定,则更换液压挺柱(气门间隙调节器)。

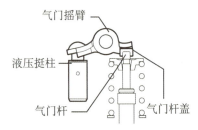

图 2-43 气门摇臂安装后位置

(3) 安装液压挺柱。

① 将液压挺柱(气门间隙调节器)装回原处。

② 在液压挺柱(气门间隙调节器)端部和气门杆盖端上涂抹发动机机油。

③ 确保将气门摇臂安装至如图 2-43 所示位置。

◇ 从高压室放气时,确保 SST 的端部压住单向球。如果没有压住单向球,空气不会从高压室排出。

3. 摇臂的检修

(1) 清洗摇臂(具体步骤略)。

(2) 检查摇臂头柱面的磨损凹陷,应不大于 0.50 mm,否则应堆焊、修磨并热处理或者更换新件(见图 2-44)。

图 2-44 检查摇臂头柱面

一、气门传动组的结构

（1）气门传动组主要由排气凸轮轴、进气凸轮轴、摇臂、气门挺柱等组成。

（2）进、排气凸轮轴上有进、排气凸轮、前端轴、凸轮轴轴颈以及凸轮轴位置传感器信号盘等。它的作用是使气门按一定的工作次序和配气正时及时开闭，并保证气门有足够的升程。凸轮轴是由发动机曲轴驱动而旋转的，并将力传递给摇臂。

二、凸轮轴拆卸作业的主要步骤

（1）拆卸凸轮轴轴承盖。

（2）拆卸进、排气凸轮轴（安装时按照相反的顺序）。

三、凸轮轴拆装作业的注意事项

（1）拆卸凸轮轴轴承盖固定螺栓时，须按照从两边到中间的顺序。

（2）安装进、排气凸轮轴时，须确保凸轮轴的锁销位置正确。

（3）安装凸轮轴轴承盖时，确保凸轮轴轴承盖的标记和位置正确。

（4）测量凸轮轴径向圆跳动使用百分表，测量凸轮轴凸角使用千分尺，测量凸轮轴油膜间隙使用塑料间隙规。

一、课堂练习

1. 判断题

（1）丰田 1ZR－FE 发动机的凸轮轴的径向圆跳动最大不能超过 0.04 mm。（　　）

（2）丰田 1ZR－FE 发动机，1 号凸轮凸角高度大于 2 号凸轮凸角高度。（　　）

（3）所有轴颈的油膜间隙都相同。（　　）

（4）检查液压挺柱时，从高压室放气时，需确保 SST 的端部压住单向球。（　　）

2. 单选题

（1）以丰田 1ZR－FE 发动机为例，用千分尺测量凸轮凸角的高度，1 号凸轮凸角的标准高度为（　　）。

　　A. 41.816～42.916 mm　　　　B. 42.816～43.916 mm

　　C. 42.816～42.916 mm　　　　D. 42.336～44.436 mm

（2）丰田 1ZR－FE 发动机的凸轮轴最大轴向间隙不能超过（　　）。

　　A. 0.17 mm　　　　　　　　　B. 0.18 mm

　　C. 0.19 mm　　　　　　　　　D. 0.20 mm

(3) 以丰田 1ZR-FE 发动机为例,安装 10 个凸轮轴轴承盖螺栓,使用 12 mm 套筒、接杆、扭力扳手按照从中间到两边的顺序将螺栓紧固至(   )。

A. 24 N·m   B. 25 N·m   C. 26 N·m   D. 27 N·m

二、技能评价(见表 2-9)

表 2-9 技能评价表

序号	内　　容	分值	得分
1	拆卸凸轮轴	10	
2	检查凸轮轴	20	
3	安装凸轮轴	10	
4	拆卸液压挺柱	10	
5	检查液压挺柱	20	
6	安装液压挺柱	10	
7	清洗摇臂	10	
8	检查摇臂	10	
	总　　分	100	

(注:操作规范即得分,操作错误或未进行操作即 0 分)

学习任务 3 气门驱动组检修

任务目标

任务目标
◎ 能够正确描述气门驱动组的常见损伤形式及成因。
◎ 能够掌握气门驱动组的检修方法。

学习重点
◎ 气门驱动组常见损伤形式及其对应的检修方法。

知识准备

一、配气机构的类型

配气机构按凸轮轴传动方式分类可分为：齿形带传动、链条传动和齿轮传动（见图 2-45）。卡罗拉 1ZR-FE 发动机采用的是链条传动。

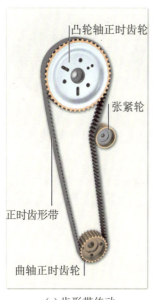
(a) 齿形带传动

(b) 链条传动

(c) 齿轮传动

图 2-45　配气机构分类（按凸轮轴的传动方式分类）

二、气门驱动组的组成（链条传动式）

链条传动式的气门驱动组主要由正时链、凸轮轴正时链轮及曲轴正时链轮等组成（见图 2-46），气门驱动组通过正时链及正时链轮使曲轴驱动凸轮轴转动。

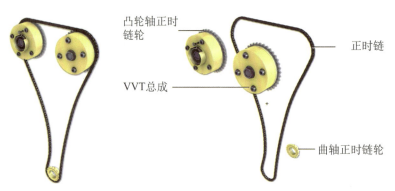

图 2-46 气门驱动组组成

三、气门驱动组常见的损伤及成因

正时链轮的工作是靠高强度金属链，将曲轴和凸轮轴等部件的链轮连接并使其保持同步运转。因为金属之间的高速运转，磨损快，温度高，长期下去，会造成正时链和链轮之间的磨损，严重时正时链会断裂，链轮会断齿（见图 2-47）。

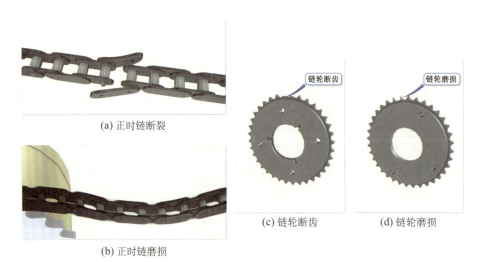

图 2-47 正时链与正时链轮常见损伤

一、实施方案

1. 质量要求

参照厂家的质量标准要求。

2. 组织方式

每四位同学一组,对 2007 款卡罗拉 1.6 L AT 轿车 1ZR‐FE 发动机上的气门驱动组进行检修,按照企业岗位操作规范进行作业。

3. 作业准备

(1) 技术要求与标准。

① 只能在使用链张紧器的情况才可转动曲轴。

② 安装完正时链后,在正时链罩上涂密封胶,2 小时内不能起动发动机。

(2) 设备器材(见图 2‐48)。

(a) 常用工具(一套)

(b) 游标卡尺

图 2‐48　设备器材

(3) 场地设施:有消防设施的场地。

(4) 设备设施:2007 款卡罗拉 1.6 L AT 轿车 1ZR‐FE 发动机一台、发动机台架、工具车、标保工具车、零件车、垃圾桶。

(5) 耗材:干净抹布、泡沫清洗剂。

二、操作步骤

1. 拆卸正时链条

(1) 拆卸气缸盖罩。

① 拆下 13 个螺栓、密封垫圈和气缸盖罩(见图 2‐49)。

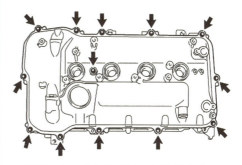

图 2‐49　气缸盖罩 13 个螺栓的位置

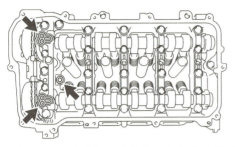

图 2-50 凸轮轴轴承盖上 3 个衬垫的位置

② 从凸轮轴轴承盖上拆下 3 个衬垫（见图 2-50）。

（2）拆卸气缸盖罩衬垫。

（3）将 1 号气缸活塞设置到压缩上止点。

图 2-51 转动曲轴带轮

① 转动曲轴带轮，使其凹槽与正时链盖上的正时标记"0"对准（见图 2-51）。

图 2-52 确认对准各正时标记

② 检查并确认凸轮轴正时齿轮和链轮的各正时标记和位于 1 号、2 号轴承盖上的正时标记对准。若没有对准，则需转动曲轴一圈，使上述正时标记对准（见图 2-52）。

图 2-53 安装曲轴带轮拆装专用工具

（4）拆卸曲轴带轮。

① 安装曲轴带轮拆装专用工具，并用螺栓固定（见图 2-53）。

图 2-54 拧松带轮固定螺栓

② 使用 19 mm 套筒、接杆、指针式扭力扳手拧松带轮固定螺栓（见图 2-54）。

③ 取下拆卸工具,并按顺序摆放。同时取下曲轴带轮固定螺栓(见图2-55)。

图2-55 取下曲轴带轮固定螺栓

④ 安装曲轴带轮拆卸专用工具,并使用工具转动曲轴带轮拆卸专用工具的推杆(见图2-56)。曲轴带轮被拉出后,取下曲轴带轮拆卸专用工具,并拆下曲轴带轮。

图2-56 转动曲轴带轮拆卸专用工具的推杆

(5) 拆卸1号链张紧器(见图2-57)。
拆下2个螺母、托架、张紧器和衬垫。

图2-57 拆卸1号链张紧器

◇ 只能在使用链张紧器的情况才可转动曲轴。

(6) 拆卸正时链盖。
① 使用指针式扭力扳手依次拆下正时链盖固定螺栓(见图2-58)。

图2-58 拆卸正时链盖固定螺栓

② 使用头部缠有胶带的螺钉旋具撬动正时链盖和气缸盖或气缸体之间的部位,拆下正时链盖(见图 2-59)。

图 2-59　撬开正时链盖

(7) 拆卸正时链张紧器导板(见图 2-60)。

图 2-60　拆卸正时链张紧器导板

(8) 拆卸 1 号链振动阻尼器(见图 2-61)。拆下两个螺栓和 1 号链条振动阻尼器。

图 2-61　拆卸 1 号链振动阻尼器

(9) 拆卸正时链。
① 用扳手固定住凸轮轴的六角头部分(见图 2-62),并逆时针旋转凸轮轴正时链轮总成,以松弛凸轮轴正时链轮之间的正时链。

图 2-62　固定凸轮轴的六角头部分

② 在正时链松弛时,将正时链从凸轮轴正时链轮上松开(见图 2-63),错开若干齿后仍放置在凸轮轴正时链轮上。

图 2-63　松开正时链

> **注意事项**
> ◇ 确保正时链从链轮上完全松开。

③ 顺时针转动凸轮轴(见图2-64),使其回到原来位置,并拆下正时链。

图2-64　顺时针转动凸轮轴

(10) 拆卸2号链振动阻尼器(见图2-65)。拆下两个螺栓和2号链条振动阻尼器。

图2-65　拆卸2号链振动阻尼器

(11) 拆卸曲轴正时链轮(见图2-66)。

图2-66　拆卸曲轴正时链轮

2. 检查正时链

(1) 检查正时链。
① 用147 N的力拉正时链。
② 用游标卡尺测量15个链节的长度(见图2-67)。最大链伸长量为115.2 mm。

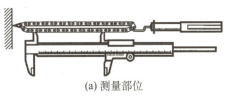

(a) 测量部位

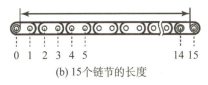

(b) 15个链节的长度

图2-67　测量15个链节的长度

> **注意事项**
> ◇ 在任意3个位置进行测量,使用测量值的平均值。
> ◇ 如果平均伸长量大于最大值,则更换正时链。

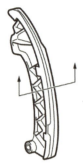

（2）检查链张紧器导板。

用游标卡尺测量张紧器导板磨损量（见图2-68）。

如果磨损量大于最大值(1.0 mm),则更换链张紧器导板。

图2-68 测量张紧轮导板磨损量

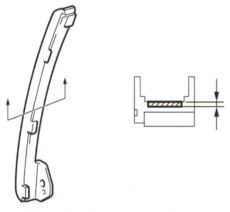

（3）检查振动阻尼器。

用游标卡尺测量振动阻尼器磨损量（见图2-69）。

如果磨损量大于最大值(1.0 mm),则更换链振动阻尼器。

图2-69 测量振动阻尼器磨损量

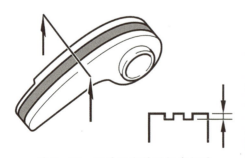

（4）检查链张紧器板。

用游标卡尺测量链张紧器板磨损量（见图2-70）。

如果磨损量大于最大值(1.0 mm),则更换链张紧器板。

图2-70 测量链张紧器板磨损量

(5) 检查链张紧器(见图 2-71)。

① 用手指提起棘轮爪时,检查并确认柱塞移动平稳。

② 松开棘轮爪,检查并确认棘轮爪将柱塞锁止就位,且用手指推时不发生移动。

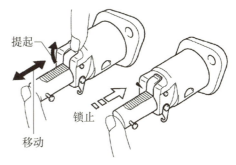

图 2-71 检查链张紧器

3. 检查正时链轮

(1) 检查凸轮轴正时链轮总成。

① 将链绕在链轮上。

② 用游标卡尺测量链轮和链的直径(见图 2-72)。最小链轮直径(带链条)为 96.8 mm。

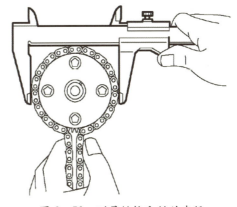

图 2-72 测量链轮和链的直径

注意事项

◇ 测量时,游标卡尺的卡钳必须与链轮接触。

◇ 如果直径小于最小值,则更换链和链轮。

(2) 检查凸轮轴正时链轮控制机构。

① 检查凸轮轴正时链轮的锁止情况。

② 清理和去除 1 号凸轮轴轴承盖进气侧上 VVT 机油孔内的油脂。

③ 用胶带或同等品将机油孔完全密封,以防止灰尘落入。

④ 在密封机油孔的胶带上刺一个孔,向孔内施加空气压力,以松开锁销(见图 2-73)。

图 2-73 向孔内施加空气压力

◇ 若空气泄漏,需重新用胶带密封。
◇ 施加压缩空气(见表2-10)时用抹布或布条盖住机油孔口,以防止机油飞溅。

表2-10 进、排气凸轮轴标准空气压力

检测内容	检测条件	标准数据
进气凸轮轴空气压力	—	150 kPa
排气凸轮轴空气压力		200 kPa

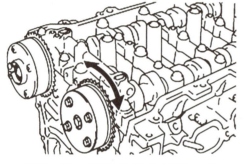

图2-74 转动凸轮轴正时链轮总成

⑤ 用力将进气凸轮轴正时链轮朝正时提前方向(逆时针)转动。
⑥ 使用头部缠有胶带的螺钉旋具,用力将排气凸轮轴朝延迟方向(逆时针)转动。
⑦ 在可移动范围内转动凸轮轴正时链轮总成2~3次,但不要将其转到最大延迟(提前)位置。确保凸轮轴正时链轮转动顺畅(见图2-74和表2-11)。

表2-11 进、排气凸轮轴可移动范围

检测内容	检测条件	标准数据
进气凸轮轴移动范围	—	26.5°~28.5°
排气凸轮轴移动范围		19°~21°

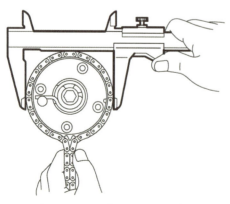

图2-75 测量链轮和链的直径

⑧ 从凸轮轴轴承盖上拆下胶带。
(3) 检查排气凸轮轴正时链轮总成。
① 将链绕在齿轮上。
② 用游标卡尺测量链轮和链的直径(见图7-75)。最小链轮直径(带链)为96.8 mm。

◇ 测量时,游标卡尺的卡钳必须与链轮接触。
◇ 如果直径小于最小值,则更换链和链轮。

(4) 检查曲轴正时链轮。

① 将链绕在链轮上。

② 用游标卡尺测量链轮和链的直径(见图 7-76)。最小链轮直径(带链)为 51.1 mm。

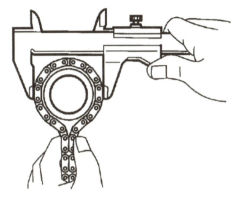

图 2-76 测量链轮和链条的直径

◇ 测量时,游标卡尺的卡钳必须与链轮接触。
◇ 如果直径小于最小值,则更换链和链轮。

4. 安装正时链

(1) 安装 1 号链振动阻尼器(见图 2-77)。

用两个螺栓安装 1 号振动阻尼器,并用扭力扳手紧固螺栓至 21 N·m。

图 2-77 安装 1 号链振动阻尼器

(2) 安装 2 号链振动阻尼器(见图 2-78)。

用两个螺栓安装 2 号振动阻尼器,并用扭力扳手紧固螺栓至 10 N·m。

图 2-78 安装 2 号链振动阻尼器

图 2-79 安装曲轴正时链轮

(3)安装曲轴正时链轮(见图 2-79)。

◇ 安装曲轴正时链轮上的键槽时,要对准曲轴上的正时链轮键,并确保安装可靠。

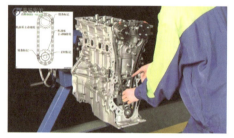

图 2-80 将链上橙色标记板和正时标记对准并安装链

(4)安装正时链。

① 将链上橙色标记板和正时标记对准并安装链,使正时链穿过 1 号振动阻尼器(见图 2-80)。

◇ 确保标记板位于发动机前侧。
◇ 不要使链缠绕在凸轮轴正时链轮周围,只将其放置在链轮上。

图 2-81 逆时针旋转凸轮轴正时链轮

② 用扳手固定住凸轮轴的六角头部分,并逆时针旋转凸轮轴正时链轮(见图 2-81),使橙色标记板和正时标记对准。

图 2-82 顺时针旋转凸轮轴正时链轮

③ 用扳手固定住凸轮轴的六角头部分,并顺时针旋转凸轮轴正时链轮(见图 2-82),以张紧正时链,缓慢地顺时针旋转凸轮轴正时链轮,防止正时链错位。

④ 将正时链黄色标记板和正时标记对准(见图2-83),并将正时链安装至曲轴正时链轮。

图2-83 将正时链黄色标记和正时标记对准

◇ 在第一缸活塞压缩上止点时,重新检查每个正时标记。

(5) 安装正时链张紧器导板(见图2-84)。

图2-84 安装正时链张紧器导板

(6) 安装正时链盖。

对准正时链盖的安装位置,用26个螺栓安装正时链盖(见图2-85)。使用扭力扳手将螺栓A、E紧固至26 N·m,螺栓B、C紧固至51 N·m,螺栓D紧固至10 N·m。

图2-85 正时链盖的26个安装螺栓位置

(7) 安装1号链张紧器。

① 松开棘轮爪,然后完全推入柱塞,将挂钩固定在销上以使柱塞位于压缩位置(见图2-86)。

图2-86 将挂钩固定在销上

> **注意事项**
> ◇ 确保凸轮固定在柱塞的第一个齿上,并使挂钩穿过销。

图 2-87 用两个螺母安装 1 号链张紧器

② 用两个螺母安装 1 号链张紧器(见图 2-87),并用扭力扳手紧固螺母至 10 N·m。如果安装链张紧器时挂钩松开柱塞,则需重新固定挂钩。

③ 逆时针转动曲轴,然后从挂钩上断开柱塞锁销。

④ 顺时针转动曲轴,然后检查并确认柱塞伸出。

(8) 安装曲轴带轮(见图 2-88)。

① 将曲轴带轮定位键对准带轮上的键槽。

图 2-88 安装曲轴带轮

② 用 SST 固定带轮就位(见图 2-89)并拧紧螺栓至 190 N·m。

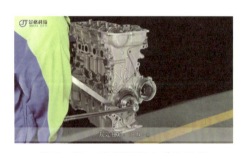

图 2-89 用 SST 固定带轮就位

(9) 安装气缸盖罩衬垫及气缸盖罩。

① 清除接触面所有机油,将衬垫安装至气缸盖罩(见图 2-90)。

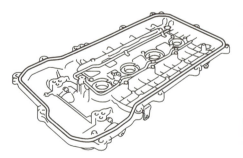

图 2-90 安装气缸盖罩衬垫

② 将 3 个新衬垫安装至 1 号凸轮轴轴承盖（见图 2-91）。

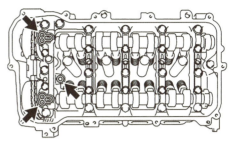

图 2-91　1 号凸轮轴的 3 个衬垫安装位置

③ 在如图 2-92 所示区域，涂抹密封胶。
④ 用 1 个新密封垫圈和 13 个螺栓安装气缸盖罩。螺栓紧固力矩为 10 N·m。

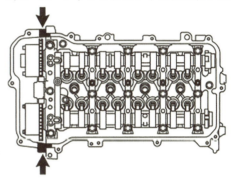

图 2-92　涂抹密封胶位置

任务小结

一、气门驱动组的组成（链条传动式）

（1）链条传动式的气门驱动组主要由正时链、凸轮轴正时链轮及曲轴正时链轮等组成。

（2）正时链的功用是将曲轴正时链轮的动力传递给凸轮轴正时链轮，并且保证曲轴正时链轮与凸轮轴正时链轮正确的相对位置。

二、正时链条拆卸作业的主要步骤

（1）拆卸气缸盖罩。
（2）拆卸气缸盖罩衬垫。
（3）将 1 号气缸活塞设置到压缩上止点。
（4）拆卸曲轴带轮。
（5）拆卸 1 号链张紧器。
（6）拆卸正时链盖。
（7）拆卸正时链张紧器导板。
（8）拆卸 1 号链振动阻尼器。
（9）拆卸正时链。
（10）拆卸 2 号链振动阻尼器。
（11）拆卸曲轴正时链轮（安装时按照相反的顺序）。

三、检查正时链与正时链轮时的注意事项

（1）测量正时链任意 3 个位置的长度，取平均值。
（2）使用游标卡尺测量时注意选准测量部位，不要歪斜。
（3）测量时注意不要损坏链或链轮。

一、课堂练习

1. 判断题

（1）拆下正时链张紧器之前，可以转动曲轴。（　　）
（2）安装正时链时必须将正时标记对准。（　　）

2. 单选题

（1）下述各零件不属于气门驱动组的是（　　）。
　　A. 正时链　　　　　　　　B. 凸轮轴正时链轮
　　C. 曲轴正时链轮　　　　　D. 凸轮轴
（2）测量正时链的工具是（　　）。
　　A. 卷尺　　B. 千分尺　　C. 游标卡尺　　D. 直尺

二、技能评价（见表 2-12）

表 2-12　技能评价表

序号	内　　容	分值	得分
1	能规范拆卸正时链	25	
2	能规范检查正时链	25	
3	能规范检查正时链轮	25	
4	能规范安装正时链	25	
总　分		100	

（注：操作规范即得分，操作错误或未进行操作即 0 分）

学习拓展

一、发动机传动带的用途

发动机传动带就是用来驱动附属的机械装置(见图2-93),例如交流发电机、动力转向泵、水泵等。如果传动带损坏,交流发电机就会停止运转,蓄电池就会亏电。同时,水泵停止运转,导致发动机过热出现故障。

图2-93 发动机传动带安装位置

二、发动机传动带的损伤形式

发动机传动带的损伤形式有三种,分别是发毛、开裂、拉断。

发毛:发动机传动带发毛主要是由于发动机传动带使用长久,由于磨损而造成的。

开裂:发动机传动带开裂主要是由于发动机传动带使用长久,由于腐蚀、老化而造成的(见图2-94)。

(a) 新传动皮带　　(b) 用过的传动皮带

图2-94 传动带常见损伤形式

拉断：发动机传动带拉断的原因主要是由于传动带安装过紧。其次，就是由于发动机传动带使用时间长久而老化造成的疲劳断裂。

所以，发动机传动带的检查间隔要根据行驶里程和时间长短来进行检查。检查间隔里程（Corolla 车型）：每 20 000 km 或 1 年，请参考维修计划，因为它可能随车型不同而异。

项目三 冷却系统检修

项目导入

发动机冷却系统(见图3-1)的作用是对工作中的发动机进行适当的冷却,保证发动机在正常工作温度下持续运行。冷却系统的总成、附件达不到使用要求或出现故障,发动机在工作时就会因不能及时散热而损伤:轻则发动机温度高于规定值,造成机件磨损加剧,影响发动机寿命;重则将使发动机温度急剧升高,润滑条件恶化,致使发动机在短时间内拉缸烧瓦以致严重损坏。

冷却系统随发动机运行时间的延长,零部件耗损增加,再加上由于零部件质量差异或使用不当均会发生一些运行性的故障,须及时地检查、补给、调整和修理,以保证其性能完好。

本项目以2007款卡罗拉1.6 L AT轿车1ZR-FE发动机为例,通过分析冷却系统损伤形式及成因,对冷却系统组件进行检测并提出修复方法,使学生掌握发动机冷却系统检修的基本方法。

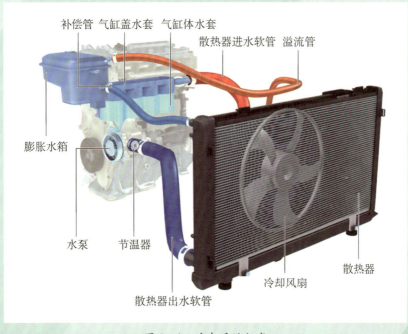

图3-1 冷却系统组成

学习目标

素养目标
- 了解安全操作要求,养成安全文明操作的习惯。
- 养成组员之间互相协作的习惯。
- 实施操作结束后,清洁工具,并将工具设备归位,清洁场地。

技能目标
- 根据技术标准对冷却系统的水泵、节温器、散热器以及电动式冷却风扇进行检修。

知识目标
- 能够掌握冷却系统主要部件的常见损伤形式及成因。
- 阐述冷却系统各部件的检测要点。

学习任务

学习任务 1
◇ 水泵检修

学习任务 2
◇ 节温器检修

学习任务 3
◇ 散热器检修

学习任务 4
◇ 电动式冷却风扇检修

学习任务 1　水泵检修

任务目标

任务目标
◎ 能够正确描述水泵的常见损伤及成因。
◎ 能够掌握水泵的检修方法。

学习重点
◎ 水泵常见损伤形式及其对应的检修方法。

知识准备

一、离心式水泵的结构与功用

水泵的功用是对冷却液加压,保证其在冷却系统中循环流动。

汽车发动机广泛采用离心式水泵,其基本结构由水泵轴、水泵带轮、水泵轴承、水泵盖、水泵叶轮及密封组件等部件组成(见图 3-2)。2007 款卡罗拉 1.6 L AT 轿车的冷却系统采用的也是离心式水泵,本任务主要是讲解离心式水泵检修。

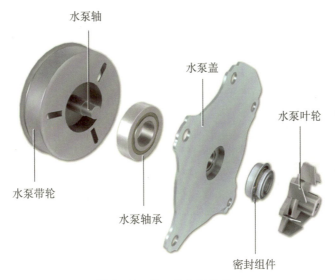

图 3-2　离心式水泵结构

二、离心式水泵常见的损伤形式及成因

水泵常见的损伤形式有叶轮损坏、水泵漏水以及轴承抱死等。

1. 叶轮损坏

叶轮损坏的常见形式有叶轮开裂(见图3-3)、叶轮从泵轴上松脱或叶轮锈蚀,其中叶轮锈蚀一般不会造成发动机故障。叶轮开裂或叶轮从泵轴上松脱后,冷却液循环速度变慢,容易引起发动机温度过高的故障。损坏的叶轮在旋转时还可能撞击水泵壳体,造成壳体碎裂。

图3-3 水泵叶轮开裂

叶轮损坏的原因通常是由于发动机出现了非正常高温的情况,有些是因为水泵叶轮的质量问题。检查叶轮是否损坏时,大多数水泵只能拆卸后才能看到叶轮的状况,有些发动机在拆下节温器后可以用手触摸到水泵叶轮。

2. 水泵漏水

水泵漏水的常见部位有水封漏水和水泵与缸体的结合面漏水。

水封损坏后,冷却液一般会从泵轴处泄漏。有些水泵在泵轴处设有溢水孔,其作用是确定水封是否漏水和排出水泵漏出的水。当水封损坏后,冷却液会从溢水孔流出,如果溢水孔被堵死,泄漏的冷却液就会进入水泵轴承内,导致轴承的损坏。

水泵与缸体的结合面漏水的常见原因是水泵的橡胶密封圈损坏,或水泵壳体与缸体结合合面之间的密封垫损坏。

3. 轴承抱死

轴承抱死的情况比较少,但是一旦出现轴承抱死的情况,有些利用正时带驱动水泵的发动机就会出现严重的后果,轻则正时带损坏,重则发动机气门会被活塞顶弯(见图3-4)。水泵轴承大多是免维护轴承,在发生抱死之前会出现异响或因为轴承偏磨导致水泵漏水,因此在日常检查或例行保养时对水泵进行检查非常重要,建议在更换正时齿形带等相关部件时,也应对水泵进行检查。需要注意的是,当水泵附近出现异响时,有时会将传动带打滑的声音误认为是水泵的声音。

图3-4 水泵轴承抱死

任务实施

一、实施方案

1. 质量要求

参照厂家的质量标准要求。

2. 组织方式

每四位同学一组,检修 2007 款卡罗拉 1.6 L AT 轿车 1ZR-FE 发动机的水泵,按照企业岗位操作规范进行作业。

3. 作业准备

(1) 技术要求与标准。

① 水泵壳体与盖结合面变形不得大于 0.05 mm,否则应予以修平。

② 水泵轴弯曲大于 0.05 mm 时,应冷压校正。

③ 水泵轴承轴向间隙大于 0.30 mm,径向间隙大于 0.15 mm,应予以更换。

(2) 设备器材(见图 3-5)。

(a) 常用工具(一套)　　　　(b) 塞尺

(c) 钢直尺

图 3-5　设备器材

(3) 场地设施:有消防设施的场地。

(4) 设备设施:2007 款卡罗拉 1.6 L AT 轿车 1ZR-FE 发动机一台、发动机台架、工具车、标保工具车零件车、垃圾桶。

(5) 耗材:干净抹布、泡沫清洗剂。

二、操作步骤

1. 水泵总成的外部检查

(1) 检查有无渗漏。用目视法检测水泵有无渗漏,水封失效时会有大量的冷却液从水泵轴处渗漏。水泵壳体如有裂纹,也会发生渗漏(见图 3-6)。

(a) 检查水泵壳体

检查水泵

(b) 检查密封垫圈

图 3-6 检查渗漏

图 3-7 水泵带轮

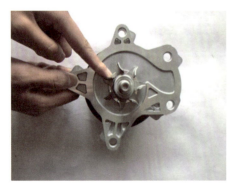

图 3-8 叶轮检查

(2) 检查带轮的转动和轴向、径向窜动量。用手转动带轮,应运转灵活,无卡滞现象。否则,泵轴可能弯曲或轴承浸水锈蚀。带轮的轴向和径向窜动量如果过大(轴向一般小于 0.30 mm,径向一般小于 0.15 mm),说明轴承、水泵轴或水泵壳体上的轴承孔有较大的磨损。

2. 水泵零部件的检修

(1) 水泵壳体和带轮的检修。水泵壳体与水泵盖结合面平面度误差大于 0.05 mm,应予以修平;水泵壳体裂纹应更换或焊修;轴承座孔磨损,应予以报废(见图 3-7)。

(2) 水泵轴的检修。如果带张紧力过大会造成水泵轴弯曲,当弯曲度大于 0.05 mm 时,应冷压校正;水泵轴与轴承配合处轴颈磨损,应予以报废。轴端螺纹损坏应予以修复或换新。

(3) 水泵轴承的检修。检查轴承是否有异响,是否有松旷、卡滞现象,如有则更换。

(4) 水泵叶轮的检查。叶轮轴孔磨损或叶片等处"穴蚀"(因水中小气泡炸裂而在零件表面形成麻坑等局部缺损的现象称为穴蚀)严重时,应予以报废(见图 3-8)。

(5) 检查带轮毂与水泵轴的配合情况。水泵轴的装配孔磨损过甚,可采取镶套修复或更换。

3. 水泵试验(装复后)

(1) 用手转动带轮,泵轴转动应无卡滞现象;水泵叶轮与泵壳应无擦碰现象。

(2) 用手转动带轮,测试径向间隙,应无松旷感觉,前后拉动带轮,测试轴向间隙,允许稍有松旷为宜。

(3) 堵住水泵进水孔,将冷却液灌入水泵腔中,转动水泵轴,泄水孔无漏水现象。

一、离心式水泵常见的损伤形式

水泵常见的损伤形式有叶轮损坏、水泵漏水以及轴承抱死等。

二、水泵零部件的检修

(1) 水泵壳体和带轮的检修。
(2) 水泵轴的检修。
(3) 水泵轴承的检修。
(4) 水泵叶轮的检修。
(5) 检查带轮毂与水泵轴的配合情况。

一、课堂练习

1. 判断题

(1) 水泵带轮的轴向窜动量可以大于 0.3 mm。(   )
(2) 用手转动水泵带轮,若有卡滞现象,说明泵轴可能弯曲或轴承浸水锈蚀。(   )
(3) 水泵壳体与水泵盖的结合面平面度误差超过 0.05 mm,必须报废。(   )

2. 单选题

带张紧力过大,会造成水泵轴弯曲,当弯曲度大于(   )时,应冷压校正。

A. 0.03 mm B. 0.04 mm
C. 0.05 mm D. 0.06 mm

二、技能评价(见表 3-1)

表 3-1 技能评价表

序号	内　　容	分值	得分
1	检查水泵总成的外部	10	
2	检查水泵带轮的转动和轴向、径向窜动量	10	
3	检修水泵壳体和带轮	15	
4	检修水泵轴	15	
5	检修水泵轴承	15	

续表

序号	内　容	分值	得分
6	检修水泵叶轮	15	
7	检查带轮毂和水泵轴的配合情况	10	
8	进行装复后的水泵试验	10	
	总　分	100	

（注：操作规范即得分，操作错误或未进行操作即0分）

学习任务 2　节温器检修

任务目标

任务目标
◎ 能够正确描述节温器常见损伤形式及成因。
◎ 能够掌握节温器的检修方法。

学习重点
◎ 节温器常见损伤形式及其对应的检修方法。

知识准备

一、节温器的结构与功用

节温器是控制冷却液流动路径的阀门。当发动机冷起动时,冷却液的温度较低,这时节温器将冷却液流向散热器的通道关闭,使冷却液经水泵入口直接流入机体或气缸盖水套,以便使冷却液能够迅速升温。如果不装节温器,让温度较低的冷却液经过散热器冷却后返回发动机,则冷却液的温度将长时间不能升高,发动机也将长时间在低温下运转。同时,依靠冷却液加热的车厢暖风系统以及发动机进气管都将在长时间内得不到加热。

2007 款卡罗拉 1.6 L AT 轿车的冷却系统采用的是蜡式节温器。蜡式节温器主要是由支架、推杆、蜡管、主阀门、副阀门、弹簧等部件构成(见图 3-9)。

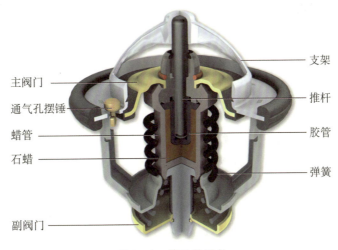

图 3-9　节温器结构

二、节温器常见的损伤形式及成因

节温器常见的损伤有两种情况：一种是打不开或升程较小,这样发动机冷却系统就只能进行小循环,从而导致发动机温度过高,不能长时间工作;另一种是不能关闭,这样发动机冷却系统就只能进行大循环,从而导致发动机暖机时间加长,发动机冷却液温度上升缓慢。

造成节温器阀门升程不足或无法打开的主要原因是节温器石蜡泄漏。

一、实施方案

1. 质量要求

参照厂家的质量标准要求。

2. 组织方式

每四位同学一组,检修2007款卡罗拉1.6 L AT轿车1ZR-FE发动机的节温器,按照企业岗位操作规范进行作业。

3. 作业准备

(1) 技术要求与标准。

① 接触热车水管时应戴防护手套。

② 在水加热过程中,注意防止水溅出造成烫伤。

③ 节温器阀门开启温度为80~84℃,最大升程时温度为95℃,最大升程10 mm。

(2) 设备器材(见图3-10)。

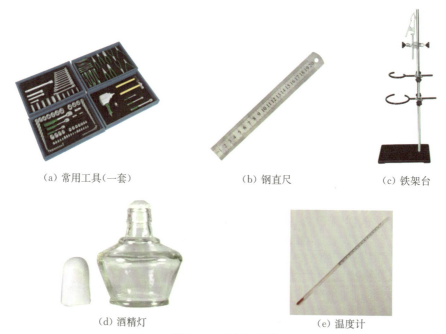

(a) 常用工具(一套)　　(b) 钢直尺　　(c) 铁架台

(d) 酒精灯　　(e) 温度计

图3-10　设备器材

(3) 场地设施：有消防设施的场地。

(4) 设备设施：2007款卡罗拉1.6 L AT轿车1ZR-FE发动机一台、发动机台架、工具车、标保工具车、零件车、垃圾桶。

(5) 耗材：干净抹布、泡沫清洗剂。

二、操作步骤

1. 检查节温器阀门开启温度（见图3-11）

(1) 将节温器浸入水中，然后逐渐将水加热。

(2) 检查节温器阀开启温度。

阀门开启温度：80～84℃。

如果阀门开启温度不符合规定，则更换节温器。

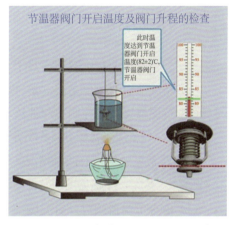

图3-11 检查节温器阀门开启温度

2. 检查节温器阀门升程（见图3-12）

(1) 将节温器浸入水中，然后逐渐将水继续加热。

(2) 检查阀门升程。

阀门升程：在95℃时为10 mm或更大。

如果阀门升程不符合规定，则更换节温器。

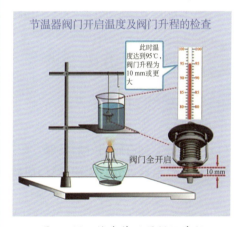

图3-12 检查节温器阀门升程

3. 检查节温器阀门完全关闭温度（见图3-13）

(1) 将节温器浸入水中，然后停止加热。

(2) 当节温器处于低温（低于77℃）时，检查并确认阀门全关。

如果不能全关，则更换节温器。

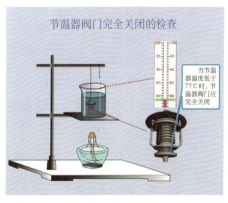

图3-13 检查节温器阀门完全关闭温度

注意事项

◇ 在水加热过程中,注意防止水溅出造成烫伤。
◇ 加热时,节温器及温度计不要接触容器壁和底部。

一、节温器的结构与功用

(1) 蜡式节温器主要是由支架、推杆、蜡管、主阀门、副阀门、弹簧等部件构成的。
(2) 节温器是用来控制冷却液流动路径的阀门。

二、节温器常见的损伤形式

节温器常见的损伤有两种情况：一种是打不开或升程较小；另一种是不能关闭。

三、检查节温器的操作步骤

(1) 检查节温器阀门开启温度。
(2) 检查节温器阀门升程。
(3) 检查节温器阀门完全关闭温度。

一、课堂练习

1. 判断题

(1) 节温器上刻有阀门开启温度。（　　）
(2) 蜡式节温器失效后无法修复,应按照其安全寿命定期更换。（　　）

2. 单选题

(1) 节温器不能关闭后,冷却系统会发生以下哪种现象？（　　）
　　A. 冷却液只进行小循环
　　B. 只有大循环
　　C. 电控风扇停转
　　D. 既有大循环,也有小循环

(2) 以 2007 款卡罗拉 1.6 L AT 车为例,节温器阀门开启温度为（　　）。
　　A. 76～80℃
　　B. 76～86℃
　　C. 80～84℃
　　D. 84～86℃

二、技能评价（见表3-2）

表3-2 技能评价表

序号	内　　容	分值	得分
1	检查节温器阀门开启温度	30	
2	检查节温器阀门升程	30	
3	检查节温器阀门完全关闭温度	30	
4	加热时，节温器及温度计不要接触容器壁和底部	10	
	总　　分	100	

（注：操作规范即得分，操作错误或未进行操作即0分）

学习任务 3　散热器检修

任务目标

◎ 能够正确描述散热器的常见损伤形式及成因。
◎ 能够掌握散热器的检修方法。

学习重点

◎ 散热器常见损伤形式及其对应的检修方法。

一、散热器的类型

散热器是水冷式发动机冷却系统的主要组成部件,通过强制水循环对发动机进行冷却,是保证发动机在正常温度范围内连续工作的换热装置。按照散热器中冷却液流动的方向可将散热器分为纵流式和横流式两种(见图 3-14)。其中 2007 款卡罗拉 1.6 L AT 轿车的 1ZR-FE 发动机采用的是横流式散热器。

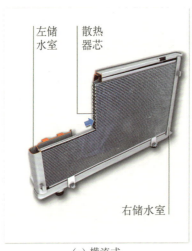
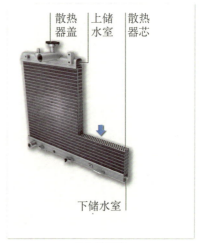

(a) 横流式　　　　(b) 纵流式

图 3-14　散热器类型

二、散热器常见的损伤及成因（见图3-15）

（1）泄漏：散热器出现泄漏的原因为密封件老化、腐蚀、撞击等。

（2）堵塞：散热器出现堵塞的原因是冷却系统中存在污物。

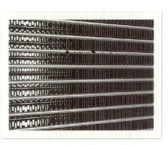

(a) 散热器管渗漏

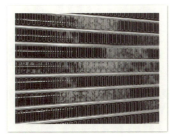 

(b) 散热翼片堵塞　　　　　　　(c) 散热翼片倒伏

图 3-15　散热器损伤

（3）散热器盖内部泄漏：引起散热器盖内部泄漏的主要原因是限压弹簧弹力衰减（见图3-16）。

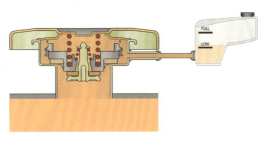

(a) 散热器盖限压弹簧弹力正常

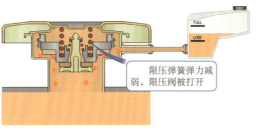

限压弹簧弹力减弱，限压阀被打开

(b) 散热器盖限压弹簧弹力减弱

图 3-16　散热器盖损伤

一、实施方案

1. 质量要求

参照厂家的质量标准要求。

2. 组织方式

每四位同学一组,检修2007款卡罗拉1.6 L AT轿车1ZR-FE发动机的散热器,按照企业岗位操作规范进行作业。

3. 作业准备

(1) 技术要求与标准(见表3-3)。

表3-3 技术要求与标准(散热器盖的开启压力)

任务	规定状态	任务	规定状态
标准值(新盖)	93.3 kPa~122.7 kPa	最小标准值(旧盖)	78.5 kPa

(2) 设备器材(见图3-17)。

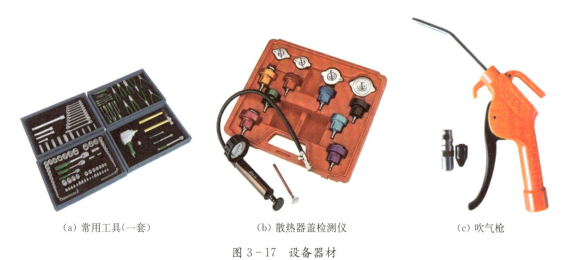

(a) 常用工具(一套)　　(b) 散热器盖检测仪　　(c) 吹气枪

图3-17 设备器材

(3) 场地设施:有消防设施的场地。

(4) 设备设施:2007款卡罗拉1.6 L AT轿车1ZR-FE发动机一台、发动机台架、工具车、标保工具车零件车、垃圾桶。

(5) 耗材:干净抹布、泡沫清洗剂。

二、操作步骤

1. 检查散热器盖，测试阀门开启压力

（1）如果在O形圈①中发现水垢或异物，则用清水冲洗并用手指擦拭（见图3-18）。

（2）检查并确认O形圈①没有变形、开裂或膨胀。

（3）使用散热器盖检测仪前，在O形圈①和橡胶密封件②上涂抹发动机冷却液。

（4）使用散热器检测仪时，使其向上倾斜大于30°。

（5）用泵压散热器盖检测仪检测数次，检查最大压力（见图3-19和表3-4）。

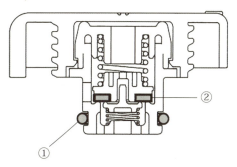

图3-18 O形圈①和橡胶密封件②

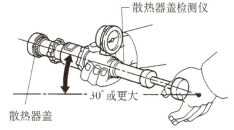

图3-19 泵压散热器检测仪

表3-4 判断标准

任务	规定状态	任务	规定状态
标准值（新盖）	93.3 kPa～122.7 kPa	最小标准值（旧盖）	78.5 kPa

◇ 泵速为每秒泵吸一次。
◇ 即使散热器盖不能保持最大压力，也不属于故障。如果最大压力小于最小标准值，则更换散热器盖分总成。

2. 检查散热器片是否阻塞

当散热器片阻塞，用水或蒸汽清洁并用压缩空气吹干（见图3-20）。

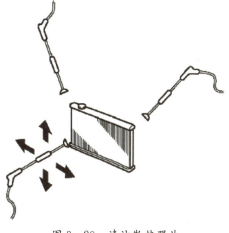

图3-20 清洁散热器片

注意事项

◇ 为避免损坏散热器片,喷射方向应与散热器芯表面成直角。
◇ 如果蒸汽清洁器太靠近散热器芯,则可能损坏散热片,应保持如下喷射距离:当喷射压力为 2 942 kPa~4 903 kPa 时,喷射距离应保持在 300 mm;当喷射距离为 4 903 kPa~7 845 kPa时,喷射距离应保持在 500 mm。
◇ 如果散热器片弯曲,则用螺钉旋具或钳子校正。
◇ 不要使电子部件接触到水。

3. 检查锁止板(见图 3-21)

检查锁止板是否损坏。如果锁止板凹槽的侧部变形,则无法重装水室。因此,如有必要,先使用钳子或类似工具修复锁止板凹槽的形状。

锁止板凹槽底部损坏或凹陷会导致漏水。必要时维修或更换锁止板。

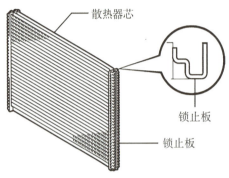

图 3-21 检查锁止板

注意事项

◇ 散热器只能压接 3 次。重新压接 2 次之后,必须更换散热器。

任务小结

一、散热器的类型

按照散热器中冷却液流动的方向可将散热器分为纵流式和横流式两种。

二、散热器常见的损伤及成因

(1) 泄漏:散热器出现泄漏的原因为密封件老化、腐蚀、撞击等。
(2) 堵塞:散热器出现堵塞的原因是冷却系统中存在污物。
(3) 散热器盖内部泄漏:引起散热器盖内部泄漏的主要原因是限压弹簧弹力衰减。

一、课堂练习

1. 判断题

(1) 使用散热器检测仪时,使其向上倾斜小于 30°。(　　)

(2)即使散热器盖不能保持最大压力,也不属于故障。（   ）

2. 单选题

(1)丰田卡罗拉旧散热器盖开启压力的标准值为(   )。

　　A. 76.5 kPa　　B. 77.5 kPa　　C. 78.5 kPa　　D. 79.5 kPa

(2)使用 2 942～4 903 kPa 蒸汽清洁器清洁散热器芯片时,应保持(   )距离。

　　A. 600 mm　　　　　　　　B. 500 mm

　　C. 400 mm　　　　　　　　D. 300 mm

二、技能评价（见表 3-5）

表 3-5　技能评价表

序号	内容	分值	得分
1	检查散热器盖的 O 形圈	10	
2	使用散热器检测仪前,在 O 形圈和橡胶密封件上涂抹发动机冷却液	10	
3	使用散热器检测仪时,使其向上倾斜大于 30°	10	
4	用泵压散热器盖检测仪检测数次,检查最大压力	10	
5	检查散热器片是否阻塞	30	
6	检查锁止板	30	
总　分		100	

(注：操作规范即得分,操作错误或未进行操作即 0 分)

学习任务 4 电动式冷却风扇检修

任务目标
◎ 能够描述电动风扇的常见损伤形式及成因。
◎ 能够掌握电动风扇的检修方法。

学习重点
◎ 电动风扇常见损伤形式及其对应的检修方法。

知识准备

一、电动式冷却风扇的结构与功用

卡罗拉汽车使用的电动式冷却风扇是安装在散热器后面的。

电动风扇主要由电动机、风扇叶片和控制电路组成(见图3-22)。其功用是当风扇旋转时吸进空气使其通过散热器,以增强散热器的散热能力,加快冷却液的冷却速度。

二、电动式冷却风扇常见的损伤形式及成因

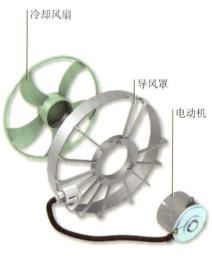

图3-22 电动冷却风扇结构

(1)风扇不转:导致风扇不转的原因为风扇驱动电动机故障、控制电路断路。
(2)风扇转速慢:导致风扇转速慢的原因为风扇驱动电动机故障、控制电路产生附加电阻。
(3)风扇运转失控:导致风扇运转失控的原因为风扇控制电路故障。

一、实施方案

1. 质量要求

参照厂家的质量标准要求。

2. 组织方式

每四位同学一组,检修2007款卡罗拉1.6 L AT轿车1ZR-FE发动机的电动式冷却风扇,按照企业岗位操作规范进行作业。

3. 作业准备

(1) 技术要求与标准(见图3-23、表3-6和表3-7)。

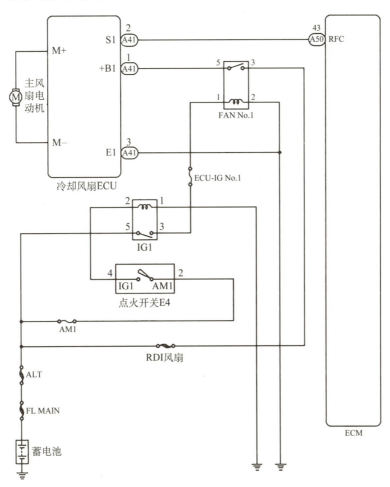

图3-23 电动冷却风扇系统电路图

表3-6 技术要求与标准(冷却风扇电动机电流)

任务	规定状态
冷却风扇电动机	在20℃、12 V时为7.9～10.9 A

表3-7 技术要求与标准(冷却风扇继电器电阻)

检测仪连接	条件	规定状态	检测仪连接	条件	规定状态
3～5	—	10 k 或更大	3～5	蓄电池电压施加在端子1和2上时	小于1

(2) 设备器材(见图 3-24)。

(a) 常用工具(一套)

(b) 万用表

图 3-24 设备器材

(3) 场地设施：有消防设施的场地。

(4) 设备设施：2007 款卡罗拉 1.6 L AT 轿车 1ZR-FE 发动机一台、发动机台架、工具车、标保工具车、零件车、垃圾桶。

(5) 耗材：干净抹布、泡沫清洗剂。

二、操作步骤

1. 检查风扇叶片是否损坏

风扇叶片出现变形、弯曲、破损后，应及时更换。由于风扇连接板强度不足或其他原因，使风扇叶片向前弯曲或扭转变形，破坏了风扇叶片原设计的角度，使其丧失平衡性能，不但影响通过散热器的空气流速和流量，降低散热器的冷却能力，甚至打坏散热器，加速水泵轴承、水封的损坏，还会大幅度地增大风扇的噪声。

2. 检查冷却风扇电动机

线束连接器前视图(至冷却风扇ECU)：

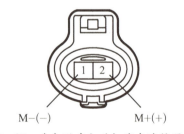
M-(-)   M+(+)

图 3-25 冷却风扇电动机线束连接器

(1) 蓄电池连接到风扇电动机连接器(见图 3-25)上时，检查并确认电动机运转平稳。

(2) 将电流表的 400 A 探针连接到冷却风扇电动机的端子 M+ 上。

(3) 测量电动机运转时的电流(见表 3-8)。

表 3-8 冷却风扇电动机标准电流

任务	规定状态
冷却风扇电动机	在 20℃、12 V 时为 7.9～10.9 A

如果结果不符合规定,则更换冷却风扇电动机。

3. 检查冷却风扇继电器(见图3-26)

(1)将继电器从发动机室继电器盒上拆下。

(2)根据表3-9中的值测量电阻。

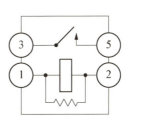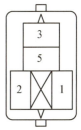

图3-26 冷风风扇继电器线路图

表3-9 冷却风扇继电器标准电阻

检测仪连接	条件	规定状态
3-5	—	10 kΩ 或更大
3-5	蓄电池电压施加在端子1和2上时	小于1Ω

如果结果不符合规定,则更换冷却风扇继电器。

 任务小结

一、电动式冷却风扇常见的损伤形式及成因

(1)风扇不转:导致风扇不转的原因为风扇驱动电动机故障、控制电路断路。

(2)风扇转速慢:导致风扇转速慢的原因为风扇驱动电动机故障、控制电路产生附加电阻。

(3)风扇运转失控:导致风扇运转失控的原因为风扇控制电路故障。

二、电动冷却风扇主要部件的检修

(1)检查风扇叶片是否损坏。

(2)检查冷却风扇电动机。

(3)检查冷却风扇继电器。

 **任务评价**

一、课堂练习

1. 判断题

风扇连接板强度不足,可能会使风扇叶片向前弯曲或扭转变形。(　　)

2. 单选题

在20℃、12 V时,冷却风扇电动机的标准电流为(　　)。

A. 7.9~10.9 A　　　　　B. 6.9~10.9 A

C. 8.9~11.9 A　　　　　D. 5.9~9.9 A

二、技能评价（见表3-10）

表3-10 技能评价表

序号	内　容	分值	得分
1	检查风扇叶片是否损坏	30	
2	检查冷却风扇电动机	35	
3	检查冷却风扇继电器	35	
	总　分	100	

（注：操作规范即得分，操作错误或未进行操作即0分）

学习拓展

在发动机工作期间,气缸内最高燃烧温度可能高达 2 500 ℃,即使发动机在怠速或中等转速下,燃烧室的平均温度也在 1 000 ℃ 以上。因此,与高温燃气接触的发动机零件会受到强烈的加热。在这种情况下,若不进行适当的冷却,将会造成发动机过热、工作过程恶化、零件强度降低、机油变质、零件磨损加剧等情况,最终导致发动机动力性、经济性、排气净化性、可靠性及耐久性全面下降。但发动机冷却过度也是有害的,过度冷却会使发动机长时间在低温下工作,均会使散热损失及摩擦损失增加、零件磨损加剧、排放恶化、发动机工作不平稳、发动机功率下降及燃油消耗率增加。可见,冷却系统既要防止发动机过热,也要防止冬季发动机过冷。在发动机冷起动之后,冷却系统还要保证发动机能迅速升温,以尽快达到正常的工作温度(见图 3-27)。

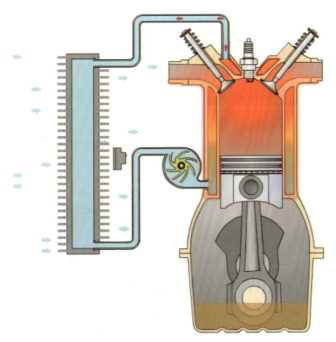

图 3-27 发动机冷却系统

一、冷却系统的类型

发动机的冷却系统有两种类型:水冷系统和风冷系统。以空气为冷却介质的冷却系统称风冷系统;以冷却液为冷却介质的称为水冷系统。汽车发动机尤其是轿车发动机大都采用水冷系统,只有少数汽车发动机采用风冷系统。汽车发动机的水冷系统均为强制循环水冷系统,即利用水泵提高冷却液的压力,强制冷却液在发动机中循环流动(冷却液工作温度一般为 80~105 ℃)。图 3-28 分别是水冷系统和风冷系统。

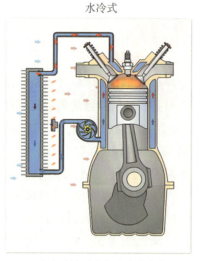

(a) 水冷系统以冷却液为冷却介质　　(b) 风冷系统以空气为冷却介质

图 3-28　冷却系统类型

二、水冷系统的组成和工作过程

在水冷系统中,冷却液为冷却介质,采用强制循环式,利用水泵强制冷却液在冷却系统中循环流动。水冷系统由散热器、水泵、风扇、冷却水套和节温器等部件组成(见图 3-29)。

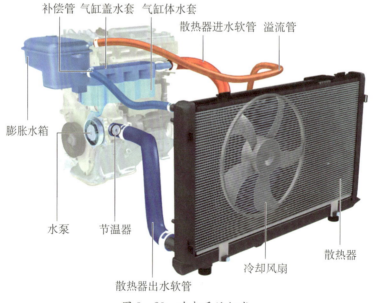

图 3-29　冷却系统组成

冷却液的流通路线为散热器中的冷却液经水泵抽吸进入气缸体的水套,再由缸体流向散热器,形成冷却液的循环(见图 3-30)。冷却液的循环路线分大、小循环。

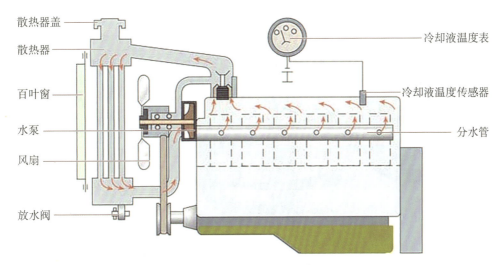

图 3-30 水冷系统的工作过程

当发动机处于预热等低温状态时,节温器使流经气缸水套的冷却液不经散热器直接进入水泵后流入气缸体,起加速升温的作用,这样的循环过程称为小循环(见图 3-31)。

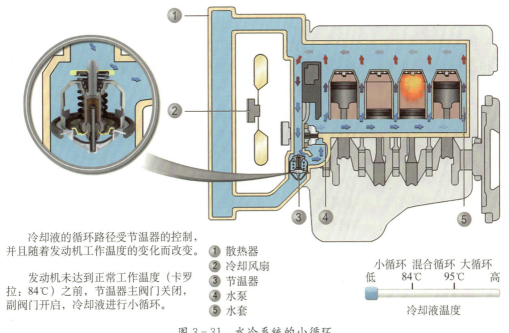

冷却液的循环路径受节温器的控制,并且随着发动机工作温度的变化而改变。

发动机未达到正常工作温度(卡罗拉:84℃)之前,节温器主阀门关闭,副阀门开启,冷却液进行小循环。

① 散热器
② 冷却风扇
③ 节温器
④ 水泵
⑤ 水套

图 3-31 水冷系统的小循环

当发动机处于高温状态时,节温器使流经气缸的冷却液全部流入散热器,提高散热效果,这样的循环过程称为大循环(见图 3-32)。

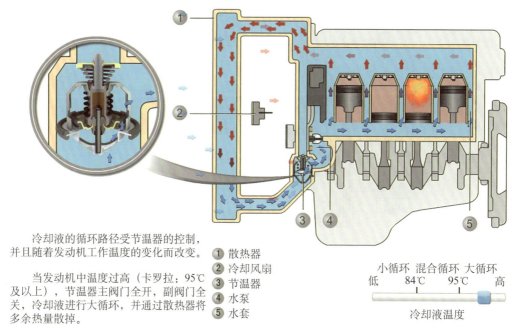

冷却液的循环路径受节温器的控制，并且随着发动机工作温度的变化而改变。

当发动机中温度过高（卡罗拉：95℃及以上），节温器主阀门全开，副阀门全关，冷却液进行大循环，并通过散热器将多余热量散掉。

① 散热器
② 冷却风扇
③ 节温器
④ 水泵
⑤ 水套

小循环　混合循环　大循环
低　　84℃　　95℃　　高
冷却液温度

图3-32　水冷系统的大循环

三、电子节温器相关知识

传统发动机使用的蜡式节温器，是通过热敏石蜡感受冷却液温度的高低，从而使石蜡体积膨胀的不同，来推动石蜡的中心杆，进而控制阀门的开启大小，实现冷却液大小循环的切换。但这种机械式节温器上面的感温石蜡，由于表面受水垢的沉积影响，往往不能灵敏地感应温度，影响及时的开启。如节温器主阀门开启过晚，就会造成发动机过热；但若主阀门开启过早，则会使发动机温度过低，延长预热时间，使油耗增大。

而电子节温器是在感温石蜡的基础上，加装了一个加热电阻元件，阻值约有12Ω。感温石蜡除了能感受冷却液温度外，可以通过控制加热电阻通电对石蜡进行加热。石蜡膨胀使阀门发生位移开启，位移量的大小与提供的电压高低有关。进而对冷却液量进行机械调节，更精确地控制冷却液的大小循环方式，由此能精细调节发动机冷却液的温度。而加在加热电阻上的电压高低，是由发动机控制电源根据温度传感器信号来调节的。

1. 电子节温器结构

电子节温器主要由主阀门、副阀门、插接器、加热电阻元件（电加热丝）、进出水口等组成，如图3-33所示。

2. 电子节温器工作原理

发动机ECU根据冷却液温度传感器信号得出的计算值对电子节温器内加热电阻元件提供占空比（PWM）信号工作电压，使石蜡膨胀发生位移，温度调节单元通过此位移进行机械调节水温的大小循环。

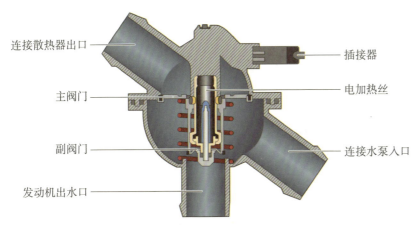

图 3-33　电子节温器结构

(1) 发动机怠速时。

当发动机冷车起动，暖机怠速工况时，与传统的冷却系统一样，为了使发动机尽快达到正常温度，ECU 不向热敏电阻元件输出占空比触发信号，此时节温器中主阀门保持关闭，副阀门保持开启，冷却系统为小循环状态。当冷却液温度<95 ℃，冷却系统始终保持小循环状态，如图 3-34 所示。

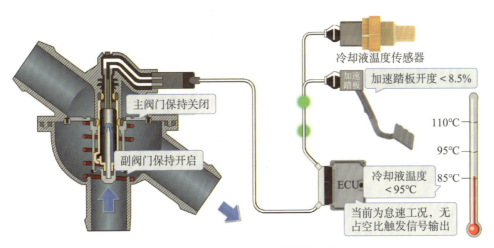

电子节温器工作原理

图 3-34　怠速工况时节温器状态

(2) 发动机常规负荷时。

当发动机处于常规负荷时，ECU 根据冷却液温度传感器的信号（冷却液温度 95 ℃～110 ℃），ECU 同样不输出占空比触发信号，此时节温器主阀门保持关闭，副阀门保持开启，冷却系统保持小循环状态，如图 3-35 所示。

(3) 发动机全负荷时。

当发动机全负荷运转时，要求较高的冷却能力。ECU 根据冷却液温度传感器信号得出的计算值对节温器上的加热电阻元件加压，溶解石蜡体，使主阀门开启，副阀门关闭,冷却系统切断小循环,开启大循环。在全负荷时冷却液温度为 85℃～95℃,如图 3-36 所示。

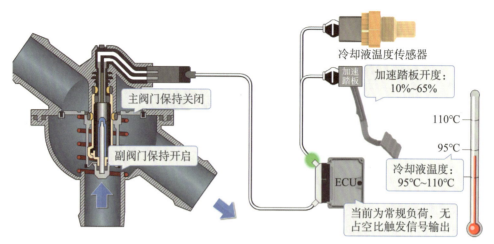

图 3-35　发动机常规负荷节温器状态

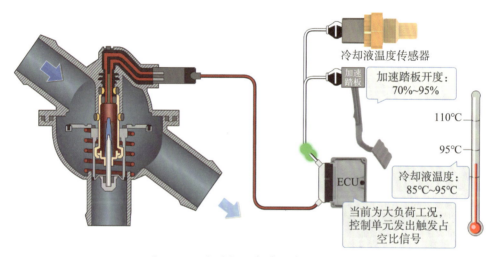

图 3-36　发动机全负荷时节温器状态

项目四 润滑系统检修

项目导入

润滑系统(见图 4-1)是发动机的重要辅助系统之一,具有润滑、清洁、冷却、密封、防腐蚀等作用,它工作的可靠与否直接影响发动机的性能和使用寿命。

图 4-1 润滑系统

汽车在使用过程中,润滑系统的技术状况会慢慢变坏,主要表现在机油品质变坏、机油压力偏离正常值、零部件的磨损,严重的润滑系统故障还会出现烧坏轴瓦等现象,使发动机失去工作能力。

本项目主要通过分析 2007 款卡罗拉 1.6 L AT 轿车润滑系统组件损伤形式,对其组件进行检查并做相应更换,使学生掌握发动机润滑系统检修方法。

学习目标

素养目标
- 了解安全操作要求,养成安全文明操作的习惯。
- 养成组员之间互相协作的习惯。
- 实施操作结束后,清洁工具,并将工具设备归位,清洁场地。

技能目标
- 根据技术标准对润滑系统主要部件进行检修。

知识目标
- 能够描述润滑系统组件常见损伤形式及成因。
- 阐述润滑系统各部件的检测要点。

学习任务

学习任务 1
◇ 检查与更换机油及机油滤清器

学习任务 2
◇ 检查与更换油底壳

学习任务 3
◇ 检查与更换机油泵

学习任务 1　检查与更换机油及机油滤清器

任务目标

任务目标
◎ 能够正确描述机油的标号和分级。
◎ 能够正确描述机油滤清器的安装位置和组成。
◎ 依据厂商规定的技术标准及规范操作要求,完成机油及机油滤清器的更换作业。

学习重点
◎ 机油的标号及机油滤清器的工作原理。
◎ 机油及机油滤清器的更换作业。

知识准备

一、机油

机油,即发动机润滑油,被誉为汽车的"血液",能对发动机起到润滑、清洁、冷却、密封、防锈等作用。发动机内有许多相互摩擦运动的金属表面,这些部件运动速度快、环境差,工作温度可达 400~600℃。在这样恶劣的工况下,只有合格的机油才可降低发动机零件的磨损,延长使用寿命。

发动机机油认识

（1）机油的标号:机油的黏度多使用 SAE 级别标识,SAE 是英文"美国汽车工程师协会"的缩写。例如:SAE15W－40、SAE5W－40,"W"表示 winter(冬季),其前面的数字越小说明机油的低温流动性越好,代表可供使用的环境温度越低,在冷起动时对发动机的保护能力越好;"W－"后面的数字则是机油耐高温性的指标,数值越大说明机油在高温下的保护性能越好(见图 4－2)。

（2）机油的分级:机油的分级多使用 API 级别标识,API 是英文"美国石油协会"的缩写。"S"开头系列代表汽油发动机用油,规格有:SA、SB、SC、SD、SE、SF、SG、SH、SJ、SL、SM。"C"开头系列代表柴油发动机用油,规格有:CA、CB、CC、CD、CE、CF、CF－2、CF－4、CG－4、CH－4、CI－4。当"S"和"C"两个字母同时存在,则表示此机油为汽/柴通用型。

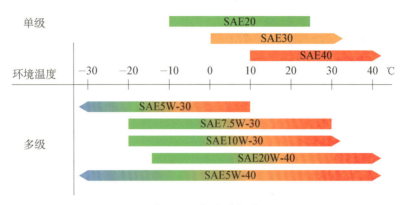

图 4-2 机油的标号

从"SA"一直到"SM",每递增一个字母,机油的性能都会优于前一种,机油中会有更多用来保护发动机的添加剂。字母越靠后,质量等级越高。

二、机油滤清器

1. 机油滤清器的结构

机油滤清器安装在正时链盖下部,主要由上盖、壳体、滤芯、内孔管、安全阀等部件组成(见图 4-3)。

机油滤清器认识

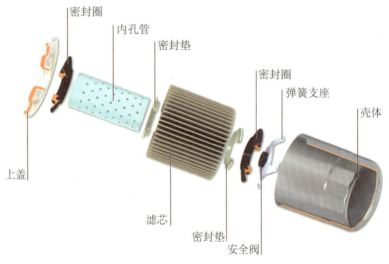

图 4-3 机油滤清器的组成

2. 机油滤清器的工作原理(见图 4-4)

机油滤清器可以滤除机油中的杂物、胶油和水分,向各润滑部件输送洁净的机油。当带有杂质的机油从滤芯的外围进入滤清器中心时,杂质被过滤在滤芯上。当滤芯严重堵塞时,旁通阀开启,机油不经过滤芯过滤直接进入主油道,防止机油断供现象的发生。

项目四 润滑系统检修　121

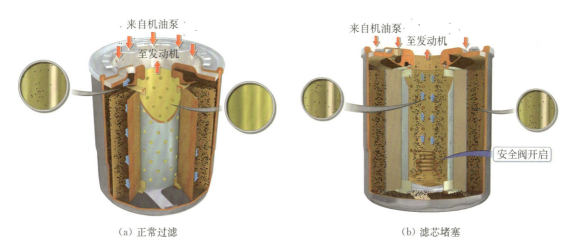

(a) 正常过滤　　　　　　　　　(b) 滤芯堵塞

图 4-4　机油滤清器工作原理

一、实施方案

1. 质量要求
参照厂家的质量标准要求。

2. 组织方式
每四位同学一组，检修并更换 2007 款卡罗拉 1.6 L AT 车上的机油及机油滤清器，按照企业岗位操作规范进行作业。

3. 作业准备
（1）技术要求与标准（见表 4-1 和表 4-2）。

表 4-1　丰田卡罗拉 1ZR-FE 发动机使用的机油规格

机油等级	机油黏度(SAE)	机油等级	机油黏度(SAE)
API SL 级节能型	5W-20	API SL 级	15W-40
API SM 级节能型	5W-30	API SM 级	20W-50
ILSAC 多级发动机机油	10W-30		

表 4-2　丰田卡罗拉 1ZR-FE 发动机用量

机油滤清器更换时放空后的重新加注量	滤清器不更换时放空后的重新加注量	净注入量
4.2 L	3.9 L	4.7 L

（2）设备器材（见图4-5）。

（a）常用工具（一套）

（b）机油滤清器专用工具：SST09228-06501

（c）机油收集器

图4-5　设备器材

（3）场地设施：有消防设施的场地。

（4）设备设施：2007款卡罗拉1.6 L AT轿车一辆、举升机、工具车、标保工具车、零件车、垃圾桶。

（5）耗材：干净抹布、泡沫清洗剂。

二、操作步骤

1. 检查机油液位和机油质量

检查机油液位及品质

（1）检查机油液位。

① 发动机暖机，然后停机并等待5分钟。

② 检查并确认发动机机油液位在油标尺的最低油位和最高位标记之间（见图4-6）。

图4-6　检查机油液位

◇ 如果机油液位太低，检查是否漏油并加注机油至油标尺最高油位标记处。
◇ 加注不要超过最高油位标记处。

（2）检查机油质量。

检查机油是否变质、变色或变稀（见图4-7），以及油中是否进水。如果机油质量明显不佳，则更换机油，同时更换机油滤清器。

图4-7　检查机油质量

2. 更换机油和机油滤清器

（1）排空发动机机油。

① 拆下机油加注口盖（见图4-8）。

图4-8　拆下机油加注口盖

② 使用套筒、棘轮扳手扭松放油螺塞，在放油螺塞正下方放置机油收集容器，再用手轻旋下放油螺塞，将机油排放到放置的机油收集容器中（见图4-9）。

图4-9　排放机油

◇ 排放时，注意机油不要流到手上，以免烫伤手。
◇ 废机油中有很多种有害物质，不要长时间接触。

③ 清洗放油螺塞，并用新衬垫加以安装（见图4-10），安装力矩为37 N·m。

图4-10　安装放油螺塞衬垫

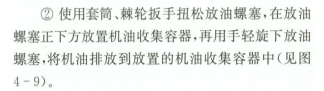

◇ 检查衬垫是否被同时取下，如果没有，检查是否还粘在螺纹孔处。
◇ 要遵循原厂规定安装新衬垫。

④ 清洁放油螺塞处的油污（见图4-11）。

图4-11　清洁放油螺塞处的油污

(2) 拆卸机油滤清器分总成。

用棘轮扳手和机油滤清器专用工具拆下机油滤清器（见图 4-12）。

图 4-12　拆卸机油滤清器

注意事项

◇ 拆卸机油滤清器时，必须佩戴防护手套。
◇ 操作时，注意机油不要流到手上，以免烫伤。

(3) 安装机油滤清器分总成。

① 检查并清洗机油滤清器的安装面（见图 4-13）。将残留在机油滤清器座上的机油擦拭干净。

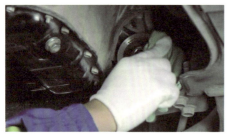

图 4-13　清洗机油滤清器的安装面

② 更换新的机油滤清器，检查是否损伤和变形，在新机油滤清器衬垫上涂抹一层干净的发动机机油（见图 4-14）。

图 4-14　涂抹干净的机油

注意事项

◇ 更换新的机油滤清器前，需注意检查是否存在损坏变形。

③ 用手将机油滤清器轻轻地旋到位并拧紧，直到衬垫开始接触机油滤清器底座（见图 4-15）。

图 4-15　安装机油滤清器

④ 使用扭力扳手和机油滤清器专用工具紧固机油滤清器(见图 4-16),力矩为 18 N·m。

图 4-16　紧固机油滤清器

◇ 安装好机油滤清器之后,要注意清洁其表面。
◇ 要对机油收集容器中的机油进行环保处理。

(4) 加注发动机机油(见图 4-17)。
① 加注新的发动机机油至规定油平面高度(按原厂规定加注 4.2 L 机油)。
② 盖上并拧紧机油加注口盖并检查机油液位。

图 4-17　加注发动机机油

加注发动机机油

(5) 检查机油是否有泄漏。
① 汽车空档状态下起动发动机(见图 4-18),轻踩加速踏板。

图 4-18　起动发动机

② 用干净的抹布擦拭放油螺塞和机油滤清器与发动机连接的缝隙处,查看是否存在机油泄漏现象(见图 4-19)。

(6) 复查发动机机油液位(参见操作步骤中的第一点"检查机油液位")。

图 4-19　检查泄漏

一、机油

机油的黏度多使用 SAE 级别标识，机油的分级多使用 API 级别标识。

二、机油滤清器

机油滤清器安装在正时链盖下部，主要由上盖、壳体、滤芯、内孔管、安全阀等部件组成。它可以滤除机油中的杂物、胶油和水分，向各润滑部件输送洁净的机油。当带有杂质的机油从滤芯的外围进入滤清器中心时，杂质被过滤在滤芯上。当滤芯严重堵塞时，旁通阀开启，机油不经过滤芯过滤直接进入主油道，防止机油断供现象的发生。

三、更换机油和机油滤清器的方法

（1）排空发动机机油。
（2）拆卸机油滤清器分总成。
（3）安装机油滤清器分总成。
（4）加注发动机机油。
（5）检查机油是否有泄漏。
（6）复查发动机机油液位。

一、课堂练习

1. 判断题

（1）机油不能低于标尺低油位，但可以高于标尺满油位。（　　）
（2）使用扭力扳手和机油滤清器专用工具紧固机油滤清器的力矩为 18 N·m。（　　）

2. 单选题

（1）2007 款卡罗拉 1.6 L AT 车的油底壳放油螺塞的安装力矩为（　　）。

　　A. 36 N·m　　　　　　　　B. 37 N·m
　　C. 38 N·m　　　　　　　　D. 39 N·m

（2）2007 款卡罗拉 1.6 L AT 车，机油滤清器不更换放空机油后需加注机油（　　）。

　　A. 4.2 L　　　　　　　　　B. 3.7 L
　　C. 3.9 L　　　　　　　　　D. 4.7 L

二、技能评价（见表4-3）

表4-3 技能评价表

序号	内　　容	分值	得分
1	发动机暖机后，停机并等待5分钟	10	
2	规范检查机油液位和机油质量	10	
3	规范排放机油至机油收集容器中	10	
4	规范更换新的放油螺塞衬垫	10	
5	规范使用棘轮扳手和机油滤清器专用工具拆下机油滤清器	10	
6	规范检查并清洗机油滤清器的安装面	10	
7	更换时在新机油滤清器衬垫上涂抹一层干净的发动机机油	10	
8	规范使用扭力扳手和专用工具紧固机油滤清器，力矩为18 N·m	10	
9	规范加注新的发动机机油至规定油平面高度	10	
10	规范检查机油是否有泄漏	5	
11	复查发动机机油液位	5	
	总　　分	100	

（注：操作正确即得分，操作错误或未进行操作即0分）

学习任务 2　检查与更换油底壳

任务目标

任务目标
◎ 熟知油底壳的结构与功用。
◎ 正确描述油底壳常见损伤形式。
◎ 依据厂商规定的技术标准及操作要求,完成油底壳的拆装更换作业。

学习重点
◎ 油底壳的结构与功用。
◎ 油底壳的拆装更换作业。

知识准备

一、油底壳的结构

油底壳(见图 4-20)一般为薄钢板冲压而成,有的发动机为了加强散热效果采用铝合金铸造。它的形状取决于发动机的总体布置和所需机油的容量。

油底壳中后部一般做得较深,以便发动机纵向倾斜时机油泵仍能吸到机油。底部装有磁性的放油螺塞。放油螺塞的密封垫为一次性使用,拆过后即要予以更换。

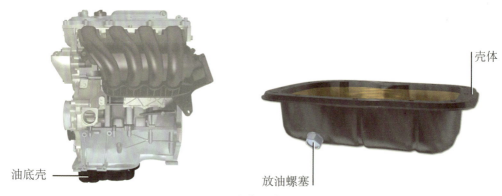

图 4-20　油底壳安装位置和结构

二、油底壳的功用

油底壳主要用来储存机油（润滑油）并封闭曲轴箱（见图4-21）。同时，底部的磁性放油螺塞能吸附机油中的金属屑，以减少发动机中运动零件的磨损。

图4-21 油底壳功用

三、油底壳常见的损伤

油底壳常见的损伤形式有变形（见图4-22）、漏油（见图4-23）等，通常采用的维修方法是更换油底壳。

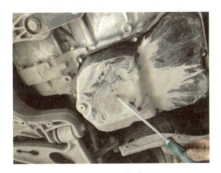

图4-22 油底壳变形

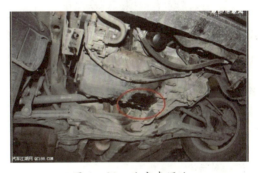

图4-23 油底壳漏油

一、实施方案

1. 质量要求

参照厂家的质量标准要求。

2. 组织方式

每四位同学一组，检查并更换2007款卡罗拉1.6 L AT轿车1ZR-FE发动机的油底壳，按照企业岗位操作规范进行作业。

3. 作业准备

(1) 技术要求与标准(见表4-4)。

表4-4 技术要求与标准

检测任务	技术数据
油底壳	油底壳密封胶：丰田原厂黑密封胶、Three Bond1207B 或同等产品
	安装油底壳固定螺栓的力矩应为 10 N·m

图4-24 设备器材：常用工具(一套)

(2) 设备器材(见图4-24)。

(3) 场地设施：有消防设施的场地。

(4) 设备设施：2007款卡罗拉1.6 L AT轿车 1ZR-FE发动机一台、发动机台架、工具车、标保工具车、零件车、垃圾桶。

(5) 耗材：干净抹布、泡沫清洗剂。

二、操作步骤

1. 检查油底壳

用观察法检查发动机油底壳是否有变形、破裂漏油等现象。如果出现上述情况，则更换油底壳。

2. 更换油底壳

(1) 拆卸油底壳。

① 拆下油底壳固定螺栓。按照维修手册规定选择合适工具(10 mm 套筒、接杆、棘轮扳手)，规范使用工具按从两边到中间对角的顺序依次拆下油底壳固定螺栓，取下油底壳固定螺栓(见图4-25)。

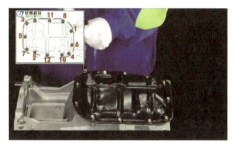

图4-25 拆下油底壳固定螺栓

② 取下油底壳。按照维修手册规定选用合适工具(SST、锤子)，规范使用工具在规定位置切开密封胶并拆下油底壳(见图4-26)。

图4-26 切开油底壳密封胶

◇ 切开密封胶时不要损坏曲轴箱、链盖和油底壳的接触面。

(2) 安装新的油底壳。

① 清洁油底壳。

② 涂抹密封胶(见图 4-27)。围绕油底壳和螺栓孔内侧均匀涂抹一层直径约 4 mm 的密封胶。

图 4-27 涂抹密封胶

◇ 涂抹密封胶后 3 分钟内安装油底壳。

③ 安装油底壳。对准油底壳与气缸体安装面，再拧上油底壳紧固螺栓，按照维修手册规定选用合适工具(10 mm 套筒、接杆、扭力扳手)，调整扭力扳手的力矩，使用扭力扳手按照从中间到两边对角的顺序，紧固油底壳紧固螺栓，力矩为 10 N·m(见图 4-28)。

图 4-28 紧固油底壳固定螺栓

◇ 若在实车作业时，安装油底壳后，至少 2 小时内不能起动发动机，待完全粘结牢固，密封彻底后即可起动发动机试车。

一、油底壳的结构

油底壳一般为薄钢板冲压而成，有的发动机为了加强散热效果采用铝合金铸造。它的形状取决于发动机的总体布置和所需机油的容量。

二、油底壳的功用

油底壳主要用来储存机油(润滑油)并封闭曲轴箱。同时，底部的磁性放油螺塞能吸附机油中的金属屑，以减少发动机中运动零件的磨损。

三、更换油底壳

(1) 拆卸油底壳固定螺栓。

(2) 取下油底壳。
(3) 清洁油底壳。
(4) 在新的油底壳上涂抹密封胶。
(5) 安装新的油底壳。

一、课堂练习

1. 判断题

(1) 涂抹密封胶后，等待 3 分钟后安装油底壳。（　　）

(2) 使用扭力扳手紧固油底壳固定螺栓的力矩为 10 N·m。（　　）

2. 单选题

(1) 安装新的油底壳后，至少（　　）内不要起动发动机。

  A. 1.5 小时　　　B. 2 小时　　　C. 0.5 小时　　　D. 1 小时

(2) 涂抹密封胶的正确方法：围绕油底壳和螺栓孔内侧均匀涂抹一层直径约（　　）的密封胶。

  A. 2 mm　　　B. 3 mm　　　C. 4 mm　　　D. 5 mm

二、技能评价（见表 4-5）

表 4-5　技能评价表

序号	内　　容	分值	得分
1	规范检查油底壳	10	
2	按照从两边到中间的顺序拆卸油底壳固定螺栓	10	
3	在规定位置切开油底壳密封胶	15	
4	在规定位置均匀涂抹一层直径约 4 mm 的密封胶	15	
5	涂抹密封胶后在 3 分钟内安装油底壳	10	
6	按照从中间到两边对角的顺序紧固油底壳固定螺栓	10	
7	使用扭力扳手按力矩为 10 N·m 紧固油底壳固定螺栓	10	
8	安装油底壳后，等待 2 小时后起动发动机	10	
9	规范检查发动机机油是否泄漏	10	
	总　　分	100	

（注：操作正确即得分，操作错误或未进行操作即 0 分）

学习任务 3　检查与更换机油泵

任务目标

任务目标
◎ 熟知转子式机油泵的结构与原理。
◎ 正确描述转子式机油泵的损伤形式及成因。
◎ 依据厂商规定的技术标准及操作要求,完成机油泵的拆装更换作业。

学习重点
◎ 转子式机油泵的结构与原理。
◎ 机油泵的拆装更换作业。

知识准备

一、机油泵的类型

机油泵结构形式可分为齿轮式和转子式两类(见图 4-29)。1ZR-FE 发动机使用的是转子式机油泵。

(a) 齿轮式机油泵　　　　　　　　　(b) 转子式机油泵

图 4-29　机油泵的常见类型

二、转子式机油泵的组成及工作原理

1. 转子式机油泵的组成

转子式机油泵主要由内转子、外转子、壳体、机油泵盖、限压阀等零件组成(见图4-30)。

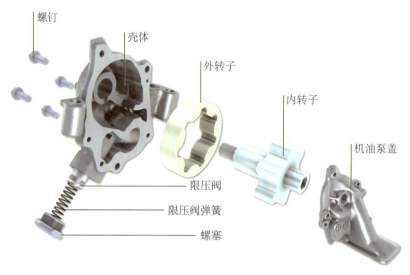

图4-30 转子式机油泵的组成

2. 转子式机油泵的工作原理

转子式机油泵的内转子带动外转子转动,且转速快于外转子。内外转子之间形成四个互相封闭的工作腔,每个工作腔在最小时与壳体上的进油孔接通,随后容积变大,形成真空,吸入机油;转子继续转动,工作腔容积变小,油压升高,当工作腔与出油孔接通时,压出机油(见图4-31)。

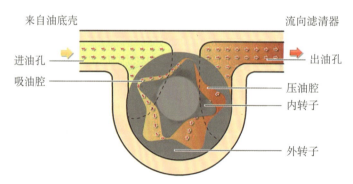

图4-31 转子式机油泵的工作原理

三、机油泵常见的损伤形式及成因

机油泵常见的损伤形式是零件的磨损所造成的泄漏,使泵油压力降低和泵油量减少(见图4-32)。机油泵的端面间隙、啮合间隙以及外转子与泵壳之间间隙的增大,各处密封性和限压阀的调整都将影响泵油量和泵油压力。由于机油泵工作时,润滑条件好,零件磨损速度慢,使用寿命长,故可以根据它的工作性能确定是否需要拆检和修理。

(a) 转子磨损　　　　　　　(b) 转子磨损　　　　　　(c) 转子端面磨损

(d) 限压阀弹簧断裂　　　　(e) 限压阀球阀磨损

图 4-32　转子式机油泵的常见损伤形式

一、实施方案

1. 质量要求

参照厂家的质量标准要求。

2. 组织方式

每四位同学一组,检查并更换 2007 款卡罗拉 1.6 L AT 轿车 1ZR-FE 发动机的机油泵,按照企业岗位操作规范进行作业。

3. 作业准备

(1) 技术要求与标准(见表 4-6)。

表 4-6　技术要求与标准

检测任务	技术数据
机油泵	机油泵减压阀:能依靠自身重力顺畅地滑入阀孔中
	机油泵转子:各部分间隙符合标准值

(2) 设备器材(见图4-33)。

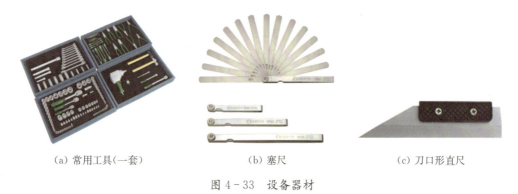

(a) 常用工具(一套)　　　(b) 塞尺　　　(c) 刀口形直尺

图4-33　设备器材

(3) 场地设施：有消防设施的场地。
(4) 设备设施：2007款卡罗拉1.6 L AT轿车1ZR-FE发动机一台、发动机台架、工具车、标保工具车、零件车、垃圾桶。
(5) 耗材：干净抹布、泡沫清洗剂。

二、操作步骤

1. 拆卸机油泵

(1) 拆卸发动机附件(见图4-34)。

图4-34　发动机附件拆装完成

(2) 拆卸机油泵链。
① 暂时紧固曲轴带轮(见图4-35)。

图4-35　紧固曲轴带轮

② 顺时针转动曲轴90°，以便将机油泵主动轴链轮的调节孔对准机油泵槽口(见图4-36)。

图4-36　调节孔对准机油泵槽口位置

> **注意事项**
> ◇ 曲轴旋转不要超过90°。如果曲轴转动过多,且没有安装正时链,气门可能会碰撞到活塞并造成损坏。

③ 将一个直径为 3 mm 的杆插入机油泵主动轴链轮的调节孔,以便将链轮锁定就位(见图 4-37)。

图 4-37 将杆插入机油泵调节孔

④ 按照操作规范选用 12 mm 套筒、接杆、棘轮扳手,规范使用工具拆下机油泵主动轴链轮螺母(见图 4-38)。

图 4-38 拆卸机油泵主动轴链轮螺母

⑤ 按照操作规范选用 10 mm 套筒、接杆、棘轮扳手,规范使用工具拆下机油泵链张紧器固定螺栓(见图 4-39),并取下固定螺栓、链张紧器盖板和弹簧。

图 4-39 拆卸机油泵链张紧器固定螺栓

⑥ 规范使用工具拆下曲轴带轮螺栓(见图 4-40),取下曲轴正时链轮、机油泵主动链轮和机油泵链。

图 4-40 拆下曲轴带轮螺栓

图 4-41 拆卸曲轴位置信号盘

（3）拆卸曲轴位置信号盘（见图 4-41）。

图 4-42 拆卸机油泵固定螺栓

（4）拆卸油底壳。

参见本项目的"学习任务 2 检查与更换油底壳"。

（5）拆卸机油泵总成。

按照维修手册规定选用合适工具（10 mm 套筒、接杆、棘轮扳手），正确使用工具均匀分次拆下机油泵 3 个固定螺栓并取下机油泵（见图 4-42）。

◇ 拆下机油泵时要拿稳，以防止掉落砸伤人或损坏部件。

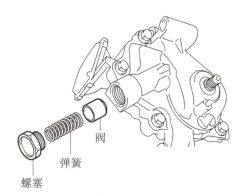

图 4-43 拆卸机油泵减压阀

2. 检查机油泵

（1）拆解机油泵总成。

① 拆卸机油泵减压阀。

a. 用 27 mm 套筒扳手拆下螺栓。

b. 拆下螺塞、弹簧和减压阀（见图 4-43）。

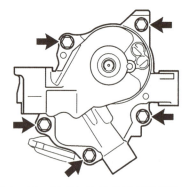

图 4-44 拆下机油泵盖的固定螺栓

② 拆卸机油泵盖分总成。

a. 拆下 5 个螺栓和机油泵盖（见图 4-44）。

b. 从机油泵上拆下机油泵主动转子和从动转子。

(2) 检查机油泵减压阀(见图4-45)。

在机油泵减压阀上涂抹一层发动机机油,检查并确认该阀能依靠自身重力顺畅地滑入阀孔中。如果情况不是这样,则更换机油泵。

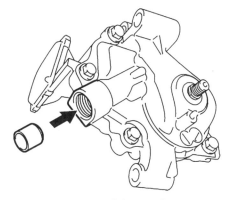

图4-45 检查机油泵减压阀

(3) 检查机油泵转子。

① 用塞尺测量主动转子和从动转子的顶部间隙(见图4-46)。

标准顶部间隙:0.080~0.160 mm。

最大顶部间隙:0.350 mm。

如果顶部最大间隙大于最大值,则更换机油泵。

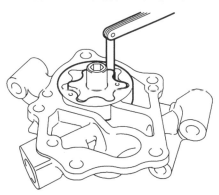

图4-46 测量转子顶部间隙

② 用塞尺和直尺,测量两个转子端面和直尺间的间隙(见图4-47)。

标准间隙:0.030~0.080 mm。

最大间隙:0.160 mm。

如果间隙大于最大值,则更换机油泵。

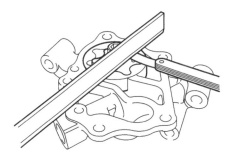

图4-47 测量转子间隙

③ 用塞尺测量从动转子与机油泵体间的间隙(见图4-48)。

标准泵体间隙:0.120~0.190 mm。

最大泵体间隙:0.325 mm。

如果泵体间隙大于最大值,则更换机油泵。

(4) 组装机油泵总成。

按照拆解的相反顺序,组装机油泵总成。

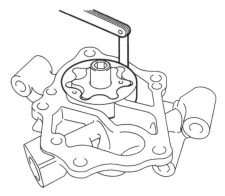

图4-48 测量泵体间隙

3. 更换正时链盖油封

（1）在木块上安置正时链盖。

（2）用螺钉旋具撬出油封（见图4-49）。

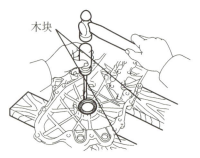

图4-49 撬出旧油封

> **注意事项**
> ◇ 使用螺钉旋具之前,在螺钉旋具头部缠上胶带。
> ◇ 不要损坏油封压力装配孔的表面。

（3）使用曲轴前油封拆装工具。用SST09223-50010敲入一个新的油封,直到其表面与正时链盖边缘持平（见图4-50）。

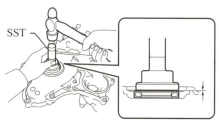

图4-50 敲入新的油封

> **注意事项**
> ◇ 禁止斜敲机油泵油封。

（4）在油封唇口涂抹通用润滑脂。

4. 安装机油泵

（1）检查新的机油泵。

① 检查和确认机油泵的零件号是否正确（见图4-51）。

图4-51 检查机油泵零件号

检查新的机油泵

② 检查机油泵的外观有无裂纹、损坏等，使用压缩空气清洁机油泵上的污物（见图4-52）。

图4-52 清洁机油泵上的污物

(2) 安装机油泵。

对准机油泵安装位置，安装机油泵固定螺栓，按照维修手册规定选用合适工具（10 mm套筒、接杆、扭力扳手），调整扭力扳手的力矩，使用扭力扳手紧固机油泵固定螺栓（见图4-53）。力矩：21 N·m。

图4-53 紧固机油泵固定螺栓

(3) 安装油底壳。

① 清除油底壳上的旧填料。按照维修手册规定选择合适工具，用SST铲刀清除油底壳上的旧填料（见图4-54）。

图4-54 清除油底壳上的旧填料

② 涂抹密封胶。清除接触面的油污，涂抹密封胶，围绕油底壳和螺栓孔内侧均匀涂抹一层直径约4 mm的密封胶（见图4-55）。

图4-55 涂抹密封胶

◇ 涂抹密封胶后3分钟内安装油底壳。

图 4-56 紧固油底壳固定螺栓

③ 安装油底壳。对准油底壳与气缸体安装面，再拧上油底壳紧固螺母，按照维修手册规定选用合适工具（10 mm 套筒、接杆、扭力扳手），调整扭力扳手的力矩，使用扭力扳手按照从中间到两边对角的顺序，紧固油底壳固定螺栓（见图 4-56）。力矩：10 N·m。

◇ 若在实车作业时，安装油底壳后，至少 2 小时内不能起动发动机，待完全粘结牢固，密封彻底后即可起动发动机试车。

图 4-57 安装曲轴位置信号盘

（4）安装曲轴位置信号盘。
安装信号盘，使"F"标记朝前（见图 4-57）。

图 4-58 安装曲轴带轮固定螺栓

（5）安装机油泵链。
① 安装曲轴带轮固定螺栓。转动曲轴，使曲轴安装键垂直向上（见图 4-58）。

图 4-59 转动机油泵驱动轴

② 转动机油泵驱动轴，使驱动轴切口朝向右水平位置（见图 4-59）。

③ 调整机油泵链，使黄色链标记对准每个齿轮的正时标记（见图4-60）。

图4-60　调整机油泵链

④ 用齿轮上的链将链轮安装到曲轴和机油泵轴上，用螺母暂时紧固机油泵主动轴链轮（见图4-61）。

图4-61　暂时紧固机油泵主动轴链轮

⑤ 将减振弹簧插入调节孔，使用10 mm套筒、接杆、棘轮扳手安装链张紧器固定螺栓（见图4-62）。

图4-62　安装链张紧器固定螺栓

⑥ 组合使用10 mm套筒、接杆、扭力扳手，紧固链张紧器固定螺栓，力矩为10 N·m（见图4-63）。

图4-63　紧固链张紧轮固定螺栓

⑦ 安装曲轴带轮固定螺栓，转动曲轴，将机油泵主动轴链轮的调节孔对准机油泵槽（见图4-64）。

图4-64　调节孔对准机油泵槽口位置

图4-65 紧固机油泵主动轴链轮固定螺栓

⑧ 将一个直径为 4 mm 的杆插入机油泵主动轴链轮的调节孔,以便将链轮锁定就位,然后使用 12 mm 套筒、接杆、扭力扳手紧固机油泵主动轴链轮固定螺母,力矩为 28 N·m(见图 4-65)。

(6) 安装曲轴正时链轮(具体操作步骤略)。

(7) 安装发动机附件(具体操作步骤略)。

任务小结

一、转子式机油泵的组成

转子式机油泵主要由内转子、外转子、壳体、机油泵盖、限压阀等零件组成。

二、转子式机油泵的工作原理

转子式机油泵的内转子带动外转子转动,且转速快于外转子。内外转子之间形成四个互相封闭的工作腔,每个工作腔在最小时与壳体上的进油孔接通,随后容积变大,形成真空,吸入机油;转子继续转动,工作腔容积变小,油压升高,当工作腔与出油孔接通时,压出机油。

三、机油泵常见的损伤形式及成因

机油泵常见的损伤形式是零件的磨损所造成的泄漏,使泵油压力降低和泵油量减少。机油泵的端面间隙、啮合间隙以及外转子与泵壳之间间隙的增大,各处密封性和限压阀的调整都将影响泵油量和泵油压力。

四、检查与更换机油泵

(1) 拆卸机油泵。

(2) 检查机油泵。

(3) 更换正时链盖油封。

(4) 安装机油泵。

任务评价

一、课堂练习

1. 判断题

(1) 顺时针转动曲轴 90°或者超过 90°,以便将机油泵主动轴链轮的调节孔对准机油泵槽口。(   )

(2) 1ZR-FE 发动机机油泵主动转子和从动转子的最大顶部间隙为 0.35 mm。(   )

(3) 1ZR-FE 发动机使用扭力扳手紧固 1ZR-FE 发动机的机油泵固定螺栓的力矩为 21 N·m。(   )

2. 单选题

（1）使用扭力扳手紧固链张紧器固定螺栓的力矩为（　　）。

  A. 12 N·m   B. 16 N·m   C. 10 N·m   D. 21 N·m

（2）1ZR 发动机机油泵从动转子和机油泵体间的标准间隙为（　　）。

  A. 0.10～0.19 mm   B. 0.12～0.19 mm

  C. 0.15～0.19 mm   D. 0.12～0.30 mm

二、技能评价（见表 4-7）

表 4-7　技能评价表

序号	内　　容	分值	得分
1	规范拆卸机油泵链	10	
2	规范拆卸曲轴位置信号盘	5	
3	规范拆卸油底壳	5	
4	规范拆卸机油泵总成	10	
5	规范更换正时链盖油封	10	
6	规范拆解机油泵总成	10	
7	规范检查机油泵减压阀	5	
8	规范检查机油泵转子	10	
9	规范检查新的机油泵	5	
10	规范安装机油泵	10	
11	规范安装油底壳	5	
12	规范安装曲轴位置信号盘	5	
13	规范安装机油泵链	5	
14	规范安装曲轴正时链	5	
总　分		100	

（注：操作正确即得分，操作错误或未进行操作即 0 分）

学习拓展

一、润滑系统的润滑方式

润滑系统的润滑方式可分为：飞溅润滑和压力润滑（见图 4-66）。

（1）飞溅润滑是指利用运动零件喷溅起来的油滴、油雾润滑摩擦面，如气缸壁表面的润滑等。

（2）压力润滑是指利用机油泵使润滑油产生压力，强制送到各运动表面，如凸轮轴轴承、曲轴轴承的润滑等。

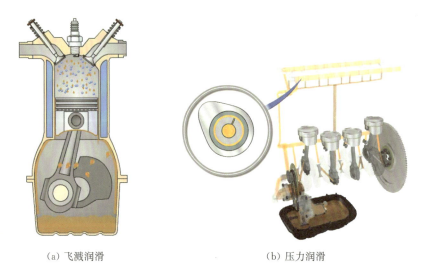

(a) 飞溅润滑　　　　　　　　　(b) 压力润滑

图 4-66　润滑系统的润滑方式

二、机油泵的类型

机油泵结构形式可分为齿轮式和转子式两类（见图 4-67）。齿轮式机油泵又分内接齿

(a) 齿轮式机油泵　　　　　　　　　(b) 转子式机油泵

图 4-67　机油泵类型

轮式和外接齿轮式，一般把后者称为齿轮式机油泵。

1. 齿轮式机油泵的结构

齿轮式机油泵主要由机油泵链轮、前盖、轴承、定位销、齿轮组、机油泵壳和后盖等组成（见图4-68）。

图4-68 齿轮式机油泵结构

2. 齿轮式机油泵的工作原理

主动齿轮带动从动齿轮旋转时，进油腔容积由于轮齿脱离啮合而增大，腔内形成一定的真空，机油从进油口吸入；旋转的齿轮将齿间的机油带到出油腔，出油腔容积由于轮齿进入啮合而减小，油压升高，机油经出油口压出（见图4-69）。

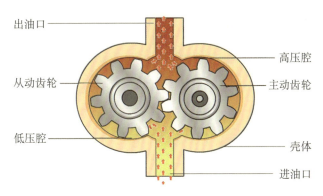

图4-69 齿轮式机油泵的工作原理

项目五 发动机总成检查

项目导入

发动机(见图5-1)是汽车各系统的动力源,保持发动机的良好技术状态是汽车正常运行的基本条件。进行发动机总成检查,可以确保发动机性能的良好。

本项目通过对丰田1ZR发动机进行气缸压力检测、进气管真空度检测(桑塔纳3000 AYJ发动机)、配气正时检查与调整、气门间隙检查与调整(丰田8A发动机)、冷却液检查与更换、机油压力检测,使学生掌握发动机总成相关故障的检修方法。

发动机总成检查

汽车排量知多少

图5-1 发动机位置

学习目标

素养目标
- 了解安全操作要求,养成安全文明操作的习惯。
- 养成组员之间互相协作的习惯。
- 实施操作结束后,清洁工具,并将工具设备归位,清洁场地。

技能目标
- 掌握发动机气缸压力的检测方法。
- 掌握发动机进气管真空度的检测方法。
- 掌握发动机配气正时检查与调整的方法。
- 掌握发动机气门间隙检查与调整的方法。
- 掌握发动机冷却液检查与更换的方法。
- 掌握发动机机油压力的检测方法。

知识目标
- 能够正确描述气缸压力过低的故障原因。
- 能够正确描述进气管真空度的概念及真空度检测的目的。
- 能够正确描述配气正时的概念及配气正时失准成因。
- 能够正确描述气门间隙的概念及气门间隙不合适的影响。
- 能够正确描述冷却液的作用及其选用原则。
- 能够正确描述机油压力检测的必要性及机油压力不正常的故障原因。

学习任务

学习任务 1
◇ 气缸压力检测

学习任务 2
◇ 发动机进气管真空度检测

学习任务 3
◇ 配气正时检查与调整

学习任务 4
◇ 气门间隙检查与调整

学习任务 5
◇ 冷却液检查与更换

学习任务 6
◇ 机油压力检测

学习任务 1　气缸压力检测

任务目标

任务目标
◎ 描述气缸压力过低的故障原因。
◎ 掌握气缸压力表的使用方法。
◎ 掌握气缸压力的检测方法。

学习重点
◎ 气缸压力过低的故障原因。
◎ 气缸压力检测的任务实施。

知识准备

一、气缸压力检测的重要性

发动机正常工作的必备条件：适当浓度的可燃混合气、足够的压缩压力、准确和可靠的点火(见图 5-2)。

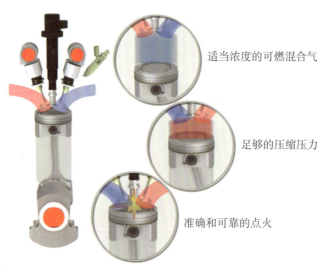

图 5-2　发动机正常工作的必备条件

发动机气缸内气缸压缩气体压力的大小,反映了气缸的密封程度。气缸压力值不符合规定要求,将导致发动机功率不足,燃油、润滑油消耗增加,尾气排放超标,对发动机的动力性和经济性影响很大(见图5-3)。

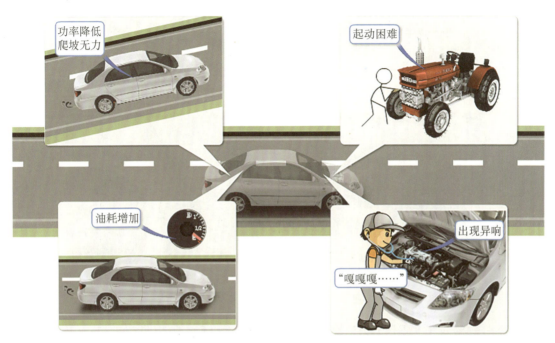

图5-3 气缸压力下降对发动机的影响

二、气缸压力过低的故障原因

气门漏气、气缸垫漏气和气缸壁漏气是引起发动机气缸压力过低的主要原因。

(1) 气门漏气表现在气门磨损或烧蚀、气门间隙或配气正时失准和气门座磨损或烧蚀(见图5-4)。

   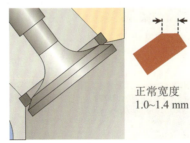   

(a) 气门烧蚀　　　　　　　(b) 气门座磨损　　　　　　(c) 配气正时不准

图5-4 气门漏气的损伤形式

(2) 气缸体翘曲、气缸盖烧蚀、气缸盖裂纹以及气缸体裂纹都会导致气缸垫漏气(见图5-5)。

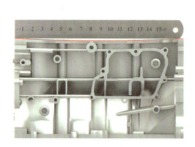
(a) 气缸体翘曲

(b) 气缸体裂纹

(c) 气缸盖烧蚀

(d) 气缸盖裂纹

图 5-5　气缸垫漏气的损伤形式

(3) 气缸壁漏气主要是因为活塞环损伤(见图 5-6)、活塞损伤(见图 5-7)以及气缸磨损(见图 5-8)。

(a) 活塞环磨损

(b) 活塞环折断

图 5-6　活塞环损伤

(a) 活塞销座孔裂纹

(b) 活塞环槽磨损

(c) 活塞裙部拉伤

(d) 活塞头烧蚀

图 5-7 活塞损伤

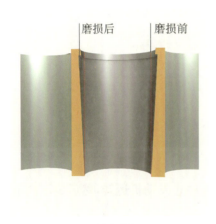
(a) 轴向磨损

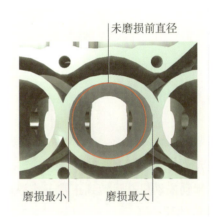
(b) 径向磨损

图 5-8 气缸磨损

三、气缸压力表

气缸压力表(见图 5-9)是一种气体压力表,由表头、导管、单向阀和接头等部件组成。

(a) 螺纹接头

(b) 阶梯型橡胶接头

图 5-9 气缸压力表

接头有两种形式,一种是螺纹接头,可以直接拧在火花塞上或喷油器螺纹孔中;另一种是锥形或阶梯形橡胶接头,可以压紧在火花塞或喷油器的孔上,接头通过导管与压力表相通。

1. 气缸压力表的功用

气缸压力表是用来检测发动机气缸压力,从而对发动机故障进行诊断(见图 5-10)。

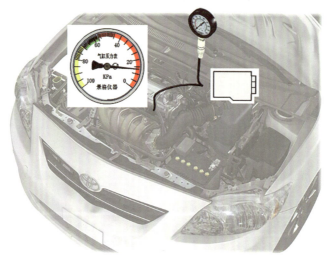

图 5-10 气缸压力表功用

2. 气缸压力表的使用方法

(1)起动发动机并运转到正常工作温度,熄火停止发动机运转,然后旋下汽油机的火花塞或柴油机的喷油器。

(2)汽油机必须将节气门和阻风门完全打开,将气缸压力表压紧或连接在火花塞座孔上。

(3)柴油机必须采用螺纹接口式气缸压力表,将气缸压力表的螺纹接口旋入喷油器座孔内。

(4)用起动机带动曲轴旋转 3~5 秒,使发动机转速保持 150~180 r/min(汽油机)或 500 r/min(柴油机),此时气缸压力表指示的数值就是该气缸的气缸压力。

(5)测量完毕,按下气缸压力表上的放气阀,使压力表指针归零。

(6)在实际测量气缸压力时,每个气缸应重复测量 2~3 次。

一、实施方案

1. 质量要求

参照厂家的质量标准要求。

2. 组织方式

每四位同学一组,检测 2007 款卡罗拉 1.6 L AT 车用发动机的气缸压力,按照企业岗位操作规范进行作业。

3. 作业准备

(1) 技术要求与标准(见表 5-1)。

表 5-1 丰田卡罗拉 1ZR-FE 发动机标准气缸压力数据

最大压缩压力	最小压缩压力	各气缸间差异不大于
1.373 MPa	1.079 MPa	0.098 MPa

(2) 设备器材(见图 5-11)。

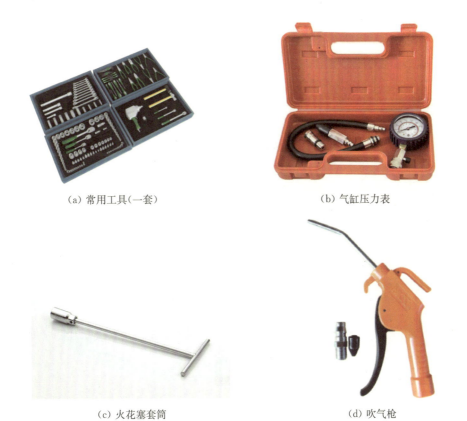

(a) 常用工具(一套)　　(b) 气缸压力表

(c) 火花塞套筒　　(d) 吹气枪

图 5-11 设备器材

(3) 场地设施:有消防设施的场地。

(4) 设备设施:2007 款卡罗拉 1.6 L AT 轿车一辆、标保工具车、工具车、零件车、垃圾桶。

(5) 耗材:干净抹布、泡沫清洗剂。

冷起动和热起动的区别

二、操作步骤

1. 发动机暖机

(1) 将点火开关置于 ON 位置,检查挡位是否处于 P 位或空挡,驻车制动器是否处于制动状态(见图 5-12)。

图 5-12　挡位与驻车制动器检查

(2) 起动发动机,保持怠速状态,然后运行一段时间进行暖机。在暖机过程中可观察冷却液温度表(见图 5-13),等冷却液温度表指示到正常冷却液温度,即可关闭发动机。

图 5-13　观察冷却液温度表

2. 拆卸点火线圈

(1) 取下发动机罩盖(见图 5-14)。

依次提起发动机罩盖前后两端,取下发动机罩盖。

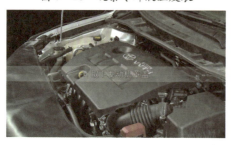

图 5-14　取下发动机罩盖

(2) 断开点火线圈线束连接器(见图 5-15)。

按下线束连接器锁舌,将线束连接器向外拔出,依次断开四个线束连接器。

图 5-15　断开点火线圈线束连接器

(3) 拆卸点火线圈固定螺栓。

选用 10 mm 套筒和棘轮扳手,依次拧松点火线圈固定螺栓。用手依次取下点火线圈固定螺栓(见图 5-16)。

(4) 取下点火线圈。

用手左右旋动点火线圈,并垂直向上拔出点火线圈,并按顺序摆放到零件车上。

图 5-16　取下固定螺栓

◇ 如果点火线圈拔出困难,不要硬拔,左右多次旋动点火线圈,使火花塞和点火线圈套接松动,然后再垂直拔出点火线圈。

3. 拆卸火花塞

(1) 清洁火花塞安装孔(见图5-17)。

选用吹气枪,连接吹气枪和压缩空气管路。使用吹气枪,依次吹拂火花塞安装孔,将火花塞孔中的污物吹出来,防止拆卸火花塞时污物掉入气缸中。

图5-17 清洁火花塞安装孔

◇ 使用吹气枪清洁火花塞安装孔时,应注意防止灰尘进入操作人员眼睛。

(2) 拆卸火花塞(见图5-18)。

选用14 mm火花塞套筒、接杆、棘轮扳手,检查火花塞专用套筒橡胶是否老化、磨损。

正确使用工具,依次拧松火花塞,使用接杆和专用套筒,依次拧下火花塞,并保持垂直向上的方向。从火花塞安装孔中取出火花塞,并将取下来的火花塞按顺序摆放。

图5-18 拆卸火花塞

◇ 取出火花塞时,应垂直取出,防止火花塞撞到火花塞孔壁上。

4. 断开喷油器线束连接器

按下喷油器线束连接器锁舌,依次断开四个喷油器线束连接器(见图5-19)。

图5-19 断开喷油器线束连接器

5. 安装气缸压力表

(1) 检查气缸压力表(见图 5-20)。

观察气缸压力表是否完好,指针是否归零;检查气压阀开关开闭是否正常;组装压力表的附件。

图 5-20 气缸压力表

(2) 安装气缸压力表(见图 5-21)。

将气缸压力表测量杆橡胶密封塞对准火花塞孔,将其压紧,确保其和火花塞孔密封良好。

图 5-21 安装气缸压力表

6. 气缸压力测量

踩下加速踏板,保持节气门全开,起动发动机,运转发动机的同时,测量发动机气缸压力。以同样的方法测量四个缸的压力,每缸测量 2~3 次,在尽可能短的时间内,测量气缸压力(见图 5-22),读取并记录数据(标准数据见技术要求)。

图 5-22 测量发动机气缸压力

如果测得的气缸压力偏低,通过火花塞孔向气缸中注入少量的发动机机油,并再次测量气缸压力(见图 5-23)。

(1) 如果添加机油后气缸压力增大,则活塞环或缸径可能损坏或磨损。

(2) 如果压力继续偏低,则气门可能卡滞或未正确就位,或气缸盖衬垫漏气。

图 5-23 测量发动机气缸压力

◇ 用尽可能短的时间测量气缸压力,因为此时发动机是依靠起动机带动下运转。如果时间过长,可能损坏起动机。

7. 连接喷油器线束连接器

依次连接喷油器线束连接器(见图5-24),确保线束连接器连接可靠。

图5-24 连接喷油器线束连接器

8. 安装火花塞

(1) 将火花塞安放在安装孔内,确保安放可靠(见图5-25)。

图5-25 将火花塞安放在火花塞安装孔内

(2) 使用火花塞套筒、接杆依次将火花塞按顺序旋入火花塞安装孔内(见图5-26)。

图5-26 按顺序安装火花塞

注意事项

◇ 安装火花塞时,确保火花塞垂直放入火花塞安装孔中,并用手垂直拧入,直到拧不动为止。

(3) 使用合适工具,调整扭力扳手力矩,连接组合工具;使用扭力扳手依次紧固火花塞,到达维修手册中规定的力矩(见图5-27)。

图5-27 紧固火花塞

9. 安装点火线圈

图 5-28　安装点火线圈

（1）依次将点火线圈垂直插入，确保完全插入，并与火花塞套接良好（见图 5-28）。

图 5-29　安装点火线圈固定螺栓

（2）依次安装点火线圈固定螺栓（见图 5-29）。

图 5-30　拧紧点火线圈固定螺栓

（3）使用合适工具，调整扭力扳手力矩，连接组合工具；使用扭力扳手，以标准力矩 10 N·m，依次拧紧固定螺栓（见图 5-30）。

图 5-31　连接点火线圈线束连接器

（4）依次连接点火线圈线束连接器（见图 5-31）。

◇ 插接点火线圈线束连接器时，确认听到锁止到位的"咔嗒"声，并检查锁止是否可靠。

(5) 安装发动机罩盖(见图 5-32)。

双手握住发动机罩,对准位置,确保安装到位。

10. 复检车辆

车辆装复后,复查发动机气缸压力,并验证车辆运转是否良好。

11. 清洁、整理工具

(1) 使用干净的布清洁使用过的工具。

(2) 把清洁过的工具整理到原来的位置。

图 5-32 安装发动机罩盖

任务小结

一、气缸压力检测的重要性

发动机气缸内气缸压缩气体压力的大小,反映了气缸的密封程度。气缸压力值不符合规定要求,将导致发动机功率不足,燃油、润滑油消耗增加,尾气排放超标,对发动机的动力性和经济性影响很大。

二、气缸压力过低的故障原因

气门漏气、气缸垫漏气和气缸壁漏气是引起发动机气缸压力过低的主要原因。

三、气缸压力表的使用方法

(1) 起动发动机并运转到正常工作温度,熄火停止发动机运转,然后旋下汽油机的火花塞或柴油机的喷油器。

(2) 汽油机必须将节气门和阻风门完全打开,将气缸压力表压紧或连接在火花塞座孔上。

(3) 柴油机必须采用螺纹接口式气缸压力表,将气缸压力表的螺纹接口旋入喷油器座孔内。

(4) 用起动机带动曲轴旋转 3～5 秒,使发动机转速保持 150～180 r/min(汽油机)或 500 r/min(柴油机),此时气缸压力表指示的数值就是该气缸的气缸压力。

(5) 测量完毕,按下气缸压力表上的放气阀,使压力表指针归零。

(6) 在实际测量气缸压力时,每个气缸应重复测量 2～3 次。

任务评价

一、课堂练习

1. 判断题

(1) 检测气缸压力时,节气门不用全部打开。(   )

(2) 安装火花塞时不需要使用专用工具。(   )

(3) 插接点火线圈线束连接器时,确认听到锁止到位的"咔嗒"声,这是为了确保其牢固。（ ）

(4) 测量气缸压力时要在尽可能短的时间内进行。（ ）

2. 单选题

(1) 安装火花塞时必须(   )。
  A. 垂直放入火花塞安装孔中　　B. 45°角安装
  C. 60°角安装　　D. 任意安装

(2) 2007 款卡罗拉 1.6 L AT 车,拆卸火花塞时所用到的火花塞套筒规格是(   )。
  A. 14 mm 火花塞套筒　　B. 10 mm 火花塞套筒
  C. 任意规格　　D. 12 mm 火花塞套筒

(3) 测量气缸压力时需要分(   )进行。
  A. 1 次　　B. 5 次　　C. 2～3 次　　D. 10 次

二、技能评价（见表 5-2）

表 5-2 技能评价表

序号	内　　容	分值	得分
1	使用正确方法使发动机暖机	10	
2	选用合适工具拆卸点火线圈	10	
3	选用合适工具拆卸火花塞	10	
4	断开喷油器线束连接器	10	
5	安装气缸压力表	10	
6	使用正确方法测量气缸压力	10	
7	连接喷油器线束连接器	10	
8	选用合适工具安装火花塞	10	
9	选用合适工具安装点火线圈	10	
10	复检车辆	5	
11	清洁、整理工具	5	
	总　　分	100	

（注：操作正确即得分,操作错误或未进行操作即 0 分）

学习任务 2　发动机进气管真空度检测

任务目标

任务目标
◎ 正确描述真空度检测的目的。
◎ 正确描述真空表的结构与原理。
◎ 掌握真空表的使用方法。
◎ 掌握发动机进气管真空度的检测方法。

学习重点
◎ 进气管真空度的定义及其检测的目的。
◎ 发动机进气管真空度检测的任务实施。

知识准备

一、进气管真空度

对于汽油发动机来说进气系统的密封性、点火性能及空燃比的好坏是影响其工作性能的三大要素，进气系统的密封性包括气缸内部因素和气缸外部因素两个方面。影响进气系统密封性能的气缸内部因素是：气缸、气缸垫、活塞、活塞环、气门、气门座；外部因素是：气门导管、气门弹簧、液力挺柱、进气管垫、喷油器密封圈、节气门体垫、进气软管等。气缸外部的漏气比气缸内部的漏气对进气管的影响更大。

进气管真空度（见图5-33）也称进气管负压，是指外界大气压力与进气管内的进气压力之差（某点真空度＝标准大气压力－该点气体压力）。进气管真空度高低及稳定性的好坏与工作气缸多少、发动机转速、进气系统密封性、点火性能好坏及空燃比的好坏程度成正比，与节气门的开度成反比。

二、进气管真空度的检测目的

（1）判断进气系统的密封性能：包括气缸内和气缸外的相关部件，一旦漏气就会造成进气真空度达不到标准值。
（2）判断排气系统有无堵塞。
（3）判断空燃比的大小。
（4）判断点火性能和配气正时性能。

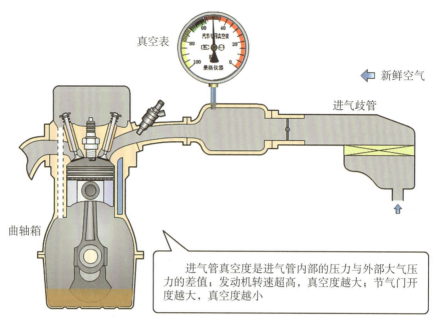

图 5-33 进气管真空度

进气管真空度是进气管内部的压力与外部大气压力的差值；发动机转速超高，真空度越大；节气门开度越大，真空度越小

三、真空表

真空表由表头和软管组成（见图 5-34）。真空表的表头与气缸压力表表头一样。真空表表头的量程为 0 kPa～101.325 kPa。软管的一头固定在表头上，另一头连接在节气门后方的进气管专用接头上。

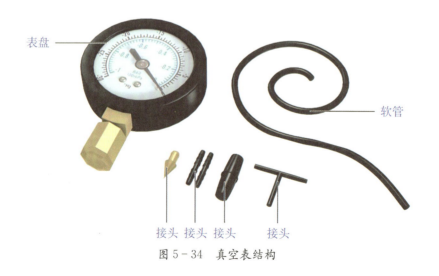

图 5-34 真空表结构

真空表在使用时，真空（负压）进入表头内弯管，弯管会更加弯曲。于是，通过杠杆和齿轮机构等带动指针动作，在表盘上指示出真空度的大小（见图 5-35）。

四、真空表的使用方法

(1) 发动机应预热到正常工作温度。

(2) 将真空表软管连接在节气门后方的进气管测压孔上。

(3) 发动机怠速运转。

(4) 读取真空表上的示数。

由于真空度会随海拔增加而降低(一般海拔每增加 1 000 m,真空度减少 10 kPa 左右),因此在真空度检测中应根据所在地海拔修正真空度参数标准。

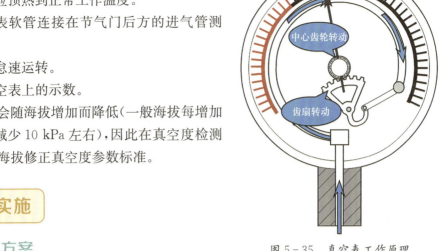

图 5-35 真空表工作原理

一、实施方案

1. 质量要求

参照厂家的质量标准要求。

2. 组织方式

每四位同学一组,检测桑塔纳 3000 型轿车进气管真空度,按照企业岗位操作规范进行作业。

3. 作业准备

(1) 技术要求与标准。

① 根据 GB/15746.2—1995《汽车修理质量检查评定标准发动机大修》的规定,大修竣工的汽油发动机在怠速时,进气管真空度应在 57 kPa~70 kPa 内。进气管真空波动:六缸汽油机不超过 3 kPa,四缸汽油机不超过 5 kPa(大气压力以海平面为准)。

② 海拔每升高 1 000 m,真空度将降低 10 kPa 左右,检测发动机进气管真空度时,应根据当地海拔修正检测标准。

(2) 设备器材(见图 5-36)。

(a) 故障诊断仪 IT-II

(b) 万用表

(c) 常用工具(一套)

图 5-36 设备器材

(3) 场地设施：有消防设施的场地。
(4) 设备设施：桑塔纳 3000 轿车一辆、标保工具车、工具车、零件车、垃圾桶。
(5) 耗材：干净抹布、泡沫清洗剂。

二、操作步骤

1. 检测准备工作

(1) 仪器、设备、车辆准备（见图 5-37）。

准备车辆、燃油压力测试套件、工具车、灭火器及车辆防护用品。

图 5-37　仪器、设备、车辆准备

(2) 安装车辆防护用品。

① 安装脚垫、变速杆保护套、转向盘保护套及座椅套（见图 5-38）。

图 5-38　安装四件套

② 打开发动机舱盖，安装前格栅及翼子板护布（见图 5-39）。

图 5-39　安装前格栅及翼子板护布

2. 拆卸空气滤清器滤芯

(1) 脱开空气滤清器外壳上的气管，松开卡扣，取出空气滤清器滤芯（见图 5-40）。

图 5-40　取出空气滤清器滤芯

(2) 将空气滤清器外壳装好,确定牢固后,连接好气管(见图5-41)。

图5-41 连接气管

3. 预热发动机

(1) 确定拉起驻车制动杆,变速杆位于P位或N位,起动发动机(见图5-42)。

图5-42 变速杆位于P位

(2) 使发动机怠速运转,观察冷却液温度表(见图5-43)。

图5-43 观察冷却液温度表

> **注意事项**
>
> ◇ 起动发动机怠速运转,使冷却液温度升至80~90℃,转速在(800±50)r/min。

(3) 关闭发动机。

4. 安装真空表

拔出测压孔上的真空管,连接三通管,安装燃油压力调节器进气管,将测试管安装连接至测压孔,安装真空表(见图5-44)。

图5-44 安装真空表

测量真空度

图 5-45 读取真空表数值

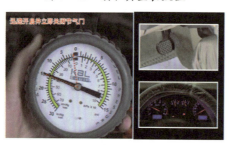

图 5-46 观察真空表指针读数

5. 测量真空度

（1）起动发动机，使发动机怠速运转，读取真空表上的示数（见图 5-45）。

（2）迅速踩加速踏板启闭节气门，观察真空表指针读数，并与规定的标准值做对比分析（见图 5-46）。

（3）关闭发动机，记录检测过程及结果。

◇ 读数与当地海拔有关，一般海拔每增加 1 000 m，真空度将减少 10 kPa 左右。

（4）检测结果分析（见表 5-3）。

表 5-3 真空度检测结果分析

检测条件	真空压力表	故障部位/原因
相当于海平面高度的条件下(下同)发动机怠速运转	指针稳定地指在 64 kPa～71 kPa	气缸密封性正常
迅速开启并立即关闭节气门	指针随之在 6.7 kPa～84 kPa 之间摆动	进一步说明气缸组技术状况良好
怠速时	50.66 kPa～67.6 kPa 之间摆动	气门黏滞或点火系统有问题
怠速时	33.8 kPa～74.3 kPa，且随发动机转速升高加剧摆动	气门弹簧弹力不足、气门导管磨损或气缸衬垫泄漏
怠速时	真空表指针低于正常，若突然开启并关闭节气门，指针会回到 0，但回不到 84 kPa	主要是活塞环、进气管漏气；也可能是点火过迟或配气过迟
怠速时	真空表指针有规律地跌落	某气门烧毁
怠速时	真空表指针最初指示较高，有时跌落到 0	排气系统阻塞
怠速时	真空表指针快速地在 27 kPa～67.6 kPa 之间摆动，发动机升速时指针反而稳定	进气门杆与其导管磨损松旷

6. 复原车辆

(1) 拆卸真空表,并将发动机进气真空管连接好(见图5-47)。

图5-47 连接发动机进气真空管

(2) 安装空气滤清器滤芯(见图5-48)。

图5-48 安装空气滤清器滤芯

7. 整理、清洁工位

收回翼子及前格栅护布,将车内四件套回收(见图5-49)。

图5-49 回收车内四件套

任务小结

一、进气管真空度

(1) 进气管真空度也称进气管负压,是指外界大气压力与进气管内的进气压力之差。

(2) 发动机进气管真空度随气缸密封性的变化而变化,因此,利用真空表检测汽油机进气管的真空度,可以表征气缸的密封性。

二、进气真空度检测的检测目的

(1) 判断进气系统的密封性能。

(2) 判断排气系统有无堵塞。

(3) 判断空燃比的大小。

(4) 判断点火性能和配气正时性能。

三、真空表

真空表由表头和软管组成。

一、课堂练习

1. 判断题

(1) 进气管真空度检测是气缸密封性检测的方法之一。（   ）

(2) 利用真空表对汽油机的进气真空度进行检查，可判断排气系统有无堵塞。（   ）

(3) 真空表由表头和软管组成。（   ）

(4) 进气真空度的高低决定汽油机性能的好坏。（   ）

2. 单选题

(1) 真空表读数与当地海拔有关，一般海拔每增加 1 000 m，真空度将减少（   ）左右。

　　A. 5 kPa　　　　　B. 10 kPa　　　　　C. 15 kPa　　　　　D. 20 kPa

(2) 进气管真空度的检测可以（   ）。

　　A. 判断进气系统的密封性性能　　　　B. 判断空燃比的大小

　　C. 判断点火性能和配气正时性能　　　D. 以上选项都可以

二、技能评价（见表 5-4）

表 5-4　技能评价表

序号	内　　容	分值	得分
1	检测准备工作	15	
2	拆卸空气滤清器滤芯	15	
3	预热发动机	15	
4	安装真空表	15	
5	测量真空度	20	
6	复原车辆	10	
7	整理、清洁工位	10	
	总　分	100	

（注：操作正确即得分，操作错误或未进行操作即 0 分）

学习任务 3　配气正时检查与调整

任务目标

任务目标
- ◎ 正确描述配气正时的概念。
- ◎ 正确描述配气正时失准成因。
- ◎ 掌握配气正时的检查与调整方法。

学习重点
- ◎ 配气正时失准成因。
- ◎ 配气正时的检查与调整的任务实施。

知识准备

一、配气正时的概念

当发动机转速较高时,进气行程和排气行程对应的时间较短(如当发动机转速为 5 600 r/min 时,进气行程和排气行程持续的时间只有 0.005 4 秒),在这样短的时间内进气和排气,往往会使发动机充气不足或排气不净,从而使发动机功率下降。因此,现代发动机都采取延长进、排气时间的方法,即进气门在进气行程上止点前就打开,而在进气行程下止点之后才关闭;排气门在排气行程下止点前就打开,而在排气行程上止点之后才关闭(见图 5-50)。一般汽油机进气门早开角为 10°~15°,晚关角为 40°~60°;汽油机排气门早开角为 45°~60°,晚关角为 5°~20°。

进气门早开的目的:为了保证进气行程开始时进气门已开大,新鲜气体能顺利地充入气缸。进气门晚关的目的:当活塞到达下止点时,气缸内压力仍低于大气压力,仍可利用气流惯性和压力差继续进气。

排气门早开的目的:在做功行程末期开启排气门,可利用气缸内的压力将废气迅速排出。排气门晚关的目的:在排气上止点时,排气的压力仍高于大气压,另外排气流有一定的惯性,所以排气门晚关一些,可以使废气排放得更干净。

由于排气门的晚关和进气门的早开,在排气上止点附近出现了"气门重叠角",即此时排气门和进气门同时开启。合理利用气门重叠角,可实现缸内废气再循环,以减小 NOx 的排放量。但是,若气门重叠角过大,也会产生不良影响。如果进气门早开角过大,会有过多的废

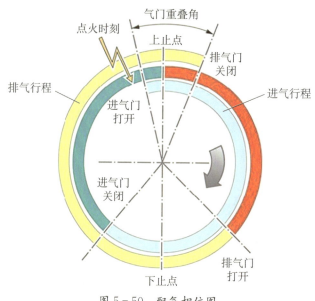

图 5-50 配气相位图

气进入进气管,减小了新鲜空气的进气量;如果排气门晚关角过大,会有大量新鲜空气随废气一起排出。

二、配气正时失准的成因

(1) 正时标记未对准(见图 5-51)。

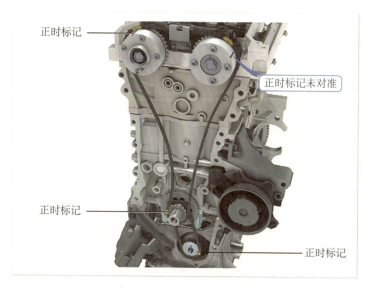

图 5-51 正时标记未对准

(2) 传动机构磨损。

凸轮轴变形或磨损、凸轮轴磨损、正时链及正时链轮磨损、液压挺柱磨损等传动部件的磨损都会影响配气正时(见图 5-52)。

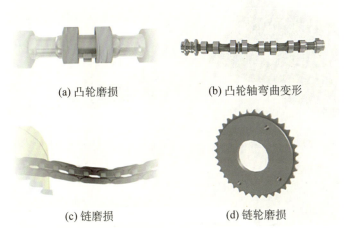

(a) 凸轮磨损　　(b) 凸轮轴弯曲变形

(c) 链磨损　　(d) 链轮磨损

图 5-52　传动机构磨损

三、发动机配气正时失准对发动机的影响

发动机的配气正时正确与否,对发动机的工作性能有很大的影响。配气正时过早(排气行程活塞到达上止点时,进气门开启过大,排气门关闭过早),会出现排气不彻底;配气正时过晚(排气行程活塞到达上止点时,进气门开启过小,甚至未能开启,排气门仍处于较大开度),则会出现进气阻力过大,进气不充分。配气正时过早或过晚都会影响发动机充气系数,进而影响发动机的动力性能。

一、实施方案

1. 质量要求

参照厂家的质量标准要求。

2. 组织方式

每四位同学一组,检查并调整 2007 款卡罗拉 1.6 L AT 车的配气正时,按照企业岗位操作规范进行作业。

3. 作业准备

(1) 技术要求与标准。

① 安装进、排气凸轮轴时,须确保凸轮轴的锁销位置正确。

② 安装凸轮轴轴承盖时,须确保凸轮轴轴承盖的标记和位置正确。

③ 不要在不使用链张紧器的情况下转动曲轴。

④ 安装完正时链后,在正时链罩上涂密封胶,2 小时内不能起动发动机。

(2) 设备器材(见图 5-53)。

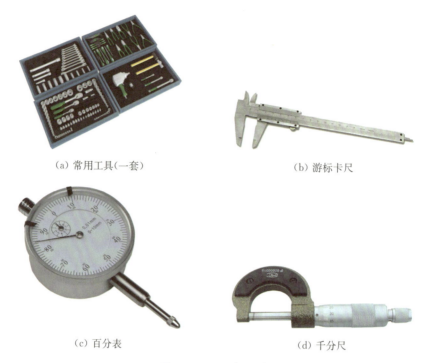

(a) 常用工具(一套)　　(b) 游标卡尺

(c) 百分表　　(d) 千分尺

图 5-53　设备器材

(3) 场地设施：有消防设施的场地。

(4) 设备设施：2007 款卡罗拉 1.6 L AT 轿车一辆、举升机、发动机台架、标保工具车、工具车、零件车、垃圾桶。

(5) 耗材：干净抹布、泡沫清洗剂。

二、操作步骤

1. 检查正时标记是否对准

检查正时链上的彩色链节和带轮上的标记是否对齐，凸轮轴、曲轴正时标记是否对齐。如果没有对齐，需要拆下正时链，重新对正标记。参见项目二学习任务 3"气门驱动组检修"中的内容。

2. 检查传动机构是否磨损

(1) 检查凸轮轴。参见项目二学习任务 2"气门传动组检修"中的内容。

(2) 检查正时链和正时链轮。参见项目二学习任务 3"气门驱动组检修"中的内容。

任务小结

一、配气正时失准的成因

(1) 正时标记未对准。

(2) 传动机构磨损。

二、发动机配气正时失准对发动机的影响

配气正时过早（排气行程活塞到达上止点时，进气门开启过大，排气门关闭过早），会出现排气不彻底；配气正时过晚（排气行程活塞到达上止点时，进气门开启过小，甚至未能开启，排气门仍处于较大开度），则会出现进气阻力过大，进气不充分。

一、课堂练习

1. 判断题

    一般情况下，气门重叠角越大越好。（　　）

2. 单选题

    以 2007 款卡罗拉 1.6 L AT 车为例，发动机上有（　　）个正时标记。
    A. 1　　　　　B. 2　　　　　C. 3　　　　　D. 4

二、技能评价（见表 5-5）

表 5-5　技能评价表

序号	内　　容	分值	得分
1	检查正时标记是否对准	50	
2	检查传动机构是否磨损	50	
	总　分	100	

（注：操作正确即得分，操作错误或未进行操作即 0 分）

学习任务 4　气门间隙检查与调整

任务目标

任务目标
- ◎ 正确描述气门间隙的概念。
- ◎ 正确描述气门间隙不合适的影响。
- ◎ 正确描述调整气门间隙的原则。
- ◎ 掌握气门间隙检查与调整的方法。

学习重点
- ◎ 气门间隙的概念。
- ◎ 气门间隙检查与调整的任务实施。

知识准备

一、气门间隙

发动机在冷态下,当气门处于关闭状态时,气门与传动件之间的间隙称为气门间隙(见图5-54)。

发动机工作时,气门及其传动件,如挺柱、推杆等都将因为受热膨胀而伸长。如果气门

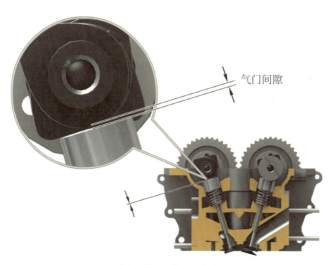

图5-54　气门间隙

与其传动件之间在冷态时不预留间隙,则会在热态下由于气门及其传动件膨胀伸长而顶开气门,破坏气门与气门座之间的密封,造成气缸漏气,从而使发动机功率下降,起动困难,甚至不能正常工作。为此,在装配发动机时,在气门与其传动件之间需有适当的间隙,即气门间隙。气门间隙既不能过大,也不能过小。间隙过小,不能完全消除上述弊病;间隙过大,在气门与气门座以及各传动件之间将产生撞击和响声。最适当的气门间隙由发动机制造厂根据试验确定。

二、气门间隙的调整原则

气门间隙的检查和调整必须是气门完全关闭,且挺柱必须落在凸轮的基圆上才可以进行。

三、液压挺柱的功用与结构（见图5-55）

采用液压挺柱(气门间隙自动补偿器)可实现零气门间隙。当气门及其传动件因温度升高而膨胀,或者因为磨损而缩短时,液压挺柱进行自动调整和补偿。

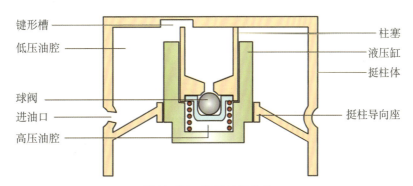

图5-55 液压挺柱结构

四、液压挺柱的工作原理(见图5-56)

机油从缸盖油道进入液压挺杆的柱塞,在机油压力的作用下,单向阀弹簧和回位弹簧被

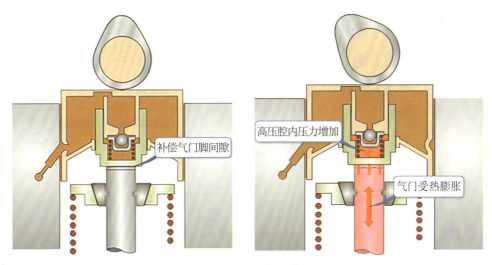

图5-56 液压挺柱工作原理

压缩,单向球阀被打开,机油立即充满柱塞下的高压油腔;单向球阀回位关闭,柱塞上升,消除气门间隙。

当配气机构中的运动件磨损后(如滚子摇臂和液压挺柱之间、滚子摇臂和气门之间磨损),由于机油压力保持一定,这时候在机油压力的作用下,单向球阀打开,机油立即充满柱塞下的高压油腔,柱塞上升,自动补偿气门间隙。

任务实施

一、实施方案

1. 质量要求

参照厂家的质量标准要求。

2. 组织方式

每四位同学一组,检查并调整丰田 8A 发动机的气门间隙,按照企业岗位操作规范进行作业。

3. 作业准备

(1) 技术要求与标准。

① 如果凸轮轴上的 K 标记没有对准,须再顺着发动机转动方向转动曲轴一圈(360°),不允许倒转。

② 垫片的计算方式。进气:$N=T+(A-0.20 \text{ mm})$;排气:$N=T+(A-0.30 \text{ mm})$。T 表示拆下调整垫片的厚度;A 表示测量的气门间隙;N 表示新调整垫片的厚度。

(2) 设备器材(见图 5-57)。

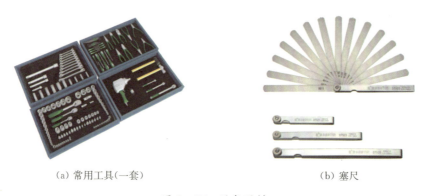

(a) 常用工具(一套)   (b) 塞尺

图 5-57 设备器材

(3) 场地设施:有消防设施的场地。

(4) 设备设施:丰田 8A 发动机台架、标保工具车、工具车、零件车、垃圾桶。

(5) 耗材:干净抹布、泡沫清洗剂。

二、操作步骤

1. 检查气门间隙

（1）将1号气缸定位在压缩行程上止点。

① 根据维修手册选择17 mm套筒棘轮扳手（见图5-58）。

图5-58　17 mm套筒棘轮扳手

检查与调整气门间隙

② 正确使用工具顺着发动机运转方向转动曲轴带轮，将它的切口与正时带轮罩的正时标记"0"对正（见图5-59）。

图5-59　将曲轴带轮的切口与正时带轮罩的正时标记"0"对正

③ 注意凸轮轴正时带轮的"K"标记与轴承盖的标记点对正（见图5-60）。

图5-60　凸轮轴正时带轮的"K"标记与轴承盖的标记点对正

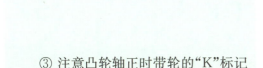

注意事项

◇ 在转动曲轴带轮时，用力要均匀。
◇ 转动方向要注意，顺着发动机的转动方向。
◇ 如果凸轮轴上的K标记没有对准，须再顺着发动机转动方向转动曲轴一圈（360°），不允许倒转。

（2）检查气门间隙。

① 根据维修手册选择塞尺（见图5-61）。

图5-61　塞尺

图 5-62 用干净的布清洁塞尺上的油污

② 使用干净的布清洁塞尺上的油污（见图 5-62），选择厚度合适的塞尺。

③ 在间隙处轻轻拉动塞尺，感觉有轻微阻力时，该塞尺的厚度为所测得正确的气门间隙值（见图 5-63）。

图 5-63 测量气门间隙

◇ 当使用塞尺测量时，如果阻力过大，不要硬塞，以免损坏塞尺。

2. 调整气门间隙

(1) 拆下调整垫片。

① 选择 17 mm 套筒、棘轮扳手，正确使用工具顺着发动机运转方向转动曲轴带轮（见图 5-64），把需要调节气门所对应的凸轮肩部朝上。

图 5-64 顺着发动机运转方向转动曲轴带轮

② 根据维修手册选择气门调整垫片拆卸专用工具、一字槽螺钉旋具，正确使用工具压下气门挺杆，在凸轮轴和气门挺杆之间，放置专用工具，用一字槽螺钉旋具，先顶起液压挺柱垫片，然后用吸棒将调整垫片取出来（见图 5-65）。

图 5-65 使用专用工具拆下调整垫片

③ 根据维修手册选择千分尺,正确使用工具测量垫片调整厚度(见图 5-66),并将测量的数据做记录。

图 5-66 测量垫片调整厚度

◇ 千分尺使用前要先清洁,然后再校零。
◇ 测量时要正确选择调整垫片的测量部位。
◇ 测量完成后要对千分尺进行清洁并归位。

(2) 计算新调整垫片的厚度(见图 5-67)。
根据垫片计算方式:
进气:$N=T+(A-0.20 \text{ mm})$;
排气:$N=T+(A-0.30 \text{ mm})$。
T 表示拆下调整垫片的厚度;
A 表示测量的气门间隙;
N 表示新调整垫片的厚度。

图 5-67 计算新调整垫片的厚度

◇ 在计算时要注意数据的精度。
◇ 进、排气门的数据不要搞错。

(3) 选择新的调整垫片(见图 5-68)。
根据计算出来的新的垫片调整厚度,选择一个厚度尽可能接近计算值的新垫片。

图 5-68 选择新的调整垫片

(4) 安装新的调整垫片。

① 检查新垫片零件号(见图 5-69)。

图 5-69　检查新垫片零件号

◇ 注意新垫片有没有毛刺和碰伤,注意垫片的安装方向,带字面朝下。

② 用手将新的调整垫片放入凸轮轴和气门挺杆之间的液压挺柱座上,安装完成后取下专用工具(见图 5-70)。

图 5-70　安装新的调整垫片

(5) 检查调整后的气门间隙(见图 5-71)。

选用合适的塞尺规格,测量换过调整垫片的气门挺杆和凸轮轴之间的间隙。

3. 检查

起动车辆,检查车辆运行是否正常。

图 5-71　检查调整后的气门间隙

一、气门间隙

发动机在冷态下,当气门处于关闭状态时,气门与传动件之间的间隙称为气门间隙。

二、检查与调整气门间隙作业的主要步骤

(1) 检查气门间隙。

① 将 1 号气缸定位在压缩行程上止点。

② 检查气门间隙。

(2) 调整气门间隙。
① 拆下调整垫片。
② 计算新调整垫片的厚度。
③ 选择新的调整垫片。
④ 安装新的调整垫片。
⑤ 检查调整后的气门间隙。

一、课堂练习

1. 判断题

(1) 气门间隙的检查和调整必须是气门完全关闭,且挺柱必须落在凸轮的基圆上才可以进行。(　　)

(2) 安装新垫片时,需注意垫片的安装方向,带字面朝上。(　　)

2. 单选题

在检查气门间隙之前,曲轴带轮的切口需与(　　)的正时标记对准。

A. 正时带罩轮　　　　　　　　B. 凸轮轴正时带轮

C. 轴承盖　　　　　　　　　　D. 凸轮轴正时齿轮

二、技能评价（见表5-6）

表5-6 技能评价表

序号	内　容	分值	得分
1	将1号气缸定位在压缩行程上止点	10	
2	检查气门间隙	15	
3	拆卸调整垫片	15	
4	计算新调整垫片的厚度	15	
5	选择新的调整垫片	10	
6	安装新的调整垫片	15	
7	检查调整后的气门间隙	10	
8	检查车辆运行是否正常	10	
	总　分	100	

(注：操作正确即得分,操作错误或未进行操作即0分)

学习任务 5　冷却液检查与更换

任务目标
◎ 正确描述冷却液成分及作用。
◎ 掌握如何选用冷却液。
◎ 掌握冷却液检查与更换的方法。

学习重点
◎ 冷却液的作用及选用方法。
◎ 检察与更换冷却液的任务实施。

一、冷却液的作用

发动机冷却液的作用主要有防冻、防沸、防腐、防锈、防垢等。

防冻(见图 5-72)：用乙二醇配制的冷却液最低可在 -70℃ 环境下使用。市场上销售的冷却液,乙二醇浓度一般保持在 33%～50% 之间(体积分数),也就是冰点在 -20～-45℃ 之

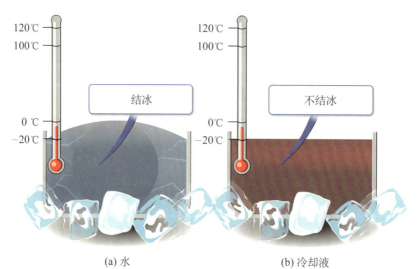

(a) 水　　　　　　　　(b) 冷却液

图 5-72　冷却液防冻作用

间,往往根据不同地域的实际需要合理选择,以满足使用要求。

防沸(见图5-73):加到水中的乙二醇会改变冷却液的沸点。乙二醇浓度越高,冷却液的沸点也就越高,33%(-20℃)时冷却液的沸点为104.5℃,而55%(-40℃)时沸点达到107℃。如果冷却系统采用压力盖,冷却液的实际沸点会更高,即使在炎热的夏天,也能有效防止冷却液"开锅"。

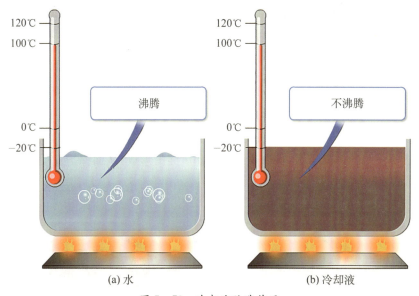

图5-73 冷却液防沸作用

防腐(见图5-74):冷却液最主要的功能是防腐蚀。腐蚀是一种化学、电化学和浸蚀作用,逐步破坏冷却系统内的金属表面,严重时可使冷却系统的壁穿孔,引起冷却液漏失,导致发动机损坏。使用去离子水及适当的添加剂能防止各种腐蚀的出现。

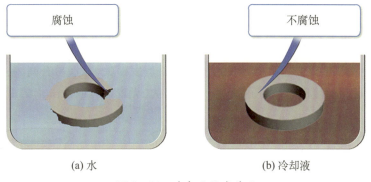

图5-74 冷却液防腐作用

防锈(见图5-75):锈蚀是由于冷却系统内的氧化作用造成的。热量和湿气使锈蚀的过程加速。锈蚀留下的残余物会阻塞冷却系统,加速磨损和降低热传导的效率。冷却液中的添加剂有助于防止冷却系统通道内锈蚀的出现。

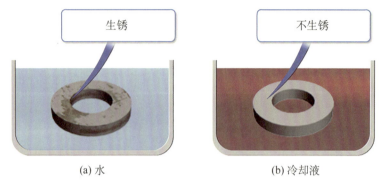

(a) 水　　　　　　　　　(b) 冷却液

图 5-75　冷却液防锈作用

防垢（见图 5-76）：水源中所含的各种杂质，其中包括金属离子、无机盐等，决定了结垢和沉淀的形成，会大大地降低冷却系统的导热效率，在许多情况下会对发动机造成严重损害。冷却液所使用的去离子水，可以避免结垢和沉淀的形成，从而保护发动机。

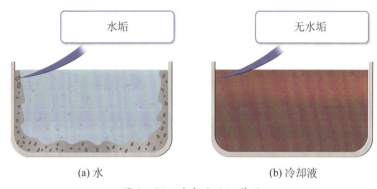

(a) 水　　　　　　　　　(b) 冷却液

图 5-76　冷却液防垢作用

二、冷却液的成分

冷却液由水、防冻剂、添加剂三部分组成（见图 5-77），按防冻剂成分不同可分为酒精型、甘油型、乙二醇型等类型的冷却液。酒精型冷却液是用乙醇（俗称酒精）作为防冻剂，价格便宜，流动性好，配制工艺简单，但沸点较低、易蒸发损失、冰点易升高、易燃等，现已逐渐被淘汰。甘油型冷却液沸点高、挥发性小、不易着火、无毒、腐蚀性小，但降低冰点效果不佳、

(a) 软水　　　　　　(b) 防冻剂　　　　　　(c) 添加剂

图 5-77　冷却液的成分

成本高、价格昂贵,用户难以接受,只有少数北欧国家仍在使用。乙二醇型冷却液是用乙二醇作为防冻剂,并添加少量抗泡沫、防腐蚀等综合添加剂配制而成。由于乙二醇易溶于水,可以任意配成各种冰点的冷却液,其最低冰点可达-68℃,这种冷却液具有沸点高、泡沫倾向低、黏温性能好、防腐和防垢等特点,是一种较为理想的冷却液。目前国内外发动机所使用的和市场上所出售的冷却液几乎都是这种乙二醇型冷却液。

三、冷却液的选用

一般使用的冷却液冰点应比当地最低气温低 5~10℃。我国各地推荐使用的冷却液冰点见表 5-7。

表 5-7 冷却液的选用级别

级别	冰点/℃	使 用 范 围
-25 号	≤-25	长江以北、华北环境最低气温在-15℃以上的地区均可使用
-35 号	≤-35	东北、西北大部分地区及华北环境最低气温在-25℃以上的寒冷地区

冬季冷却液的量一定要合适,不同地区和不同车型应注意冷却液的冰点温度及型号,使用两年以上的冷却液应予以更换,混合冷却液一年必须更换。注意不同品牌不同型号的产品不要混用。

任务实施

一、实施方案

1. 质量要求
参照厂家的质量标准要求。

2. 组织方式
每四位同学一组,完成 2007 款卡罗拉 1.6 L AT 发动机冷却液的检查与更换,按照企业岗位操作规范进行作业。

3. 作业准备
(1) 技术要求与标准。
① 拆卸散热器盖时,需要使发动机处于冷机状态。
② 在检查的过程中要防止冷却液飞溅到眼或皮肤上,以免烫伤。
(2) 设备器材(见图 5-78)。
(3) 场地设施:有消防设施的场地。
(4) 设备设施:2007 款卡罗拉 1.6 L AT 轿车一辆、举升机、发动机台架、标保工具车、工具车、零件车、垃圾桶。
(5) 耗材:干净抹布、泡沫清洗剂。

(a) 常用工具(一套)

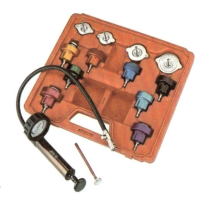

(b) 泄漏检测仪

图 5-78　设备器材

二、操作步骤

1. 检查发动机冷却液

(1) 检查冷却液质量和液位。

检查冷却液是否变质(变色或变脏)。如果冷却液质量明显不佳,则请更换冷却液。目测观察冷却液液位是否在规定范围内。发动机在冷机状态时,发动机冷却液液位应在膨胀水箱的 Low 和 Full 刻度线之间(见图 5-79)。

检查冷却液液位

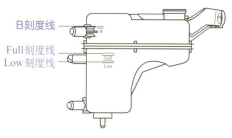

图 5-79　冷却液液位刻度线

◇ 如果发动机冷却液液位低于 Low 刻度线,应添加"丰田超长效冷却液(SLLC)"到 Full 刻度线。

(2) 检查冷却液有无泄漏。

① 发动机运转前的渗漏检查。

a. 依次用手按捏冷却系统各连接软管,检查有无龟裂老化等现象(见图 5-80)。

检查冷却液有无渗漏

图 5-80　检查冷却系统管路有无龟裂老化现象

b. 目视检查发动机气缸盖衬垫周边,冷却液加注口及盖处,节气门冷却液循环软管接口处,节温器连接软管处,膨胀水箱表面、盖及连接软管处(见图5-81),暖气水箱管路接口处,冷却液有无渗漏迹象。同时检查各管路表面是否有老化龟裂等现象。

图 5-81 膨胀水箱连接软管处

注意事项

◇ 检查时应防止检查部位附近的线束和部件被无意损坏。
◇ 确认渗漏、泄漏点,并加以记录。

c. 检查散热器表面是否有渗漏现象(见图5-82)。

图 5-82 检查散热器表面是否有渗漏现象

② 发动机运转时的渗漏检查。

a. 根据维修手册规定,选择汽车故障诊断仪(见图5-83)。

图 5-83 汽车故障诊断仪

b. 检查变速杆位置是否处于P位或N位(见图5-84),驻车制动器是否处于制动状态。

图 5-84 变速杆位于P位

图 5-85 将汽车故障诊断仪连接到 DLC3

c. 打开车辆诊断接口盖,将汽车故障诊断仪连接到 DLC3(见图 5-85)。

图 5-86 观察冷却液温度

d. 将点火开关打到 ON 位置,打开汽车故障诊断仪。起动发动机,保持怠速运转片刻,然后提高发动机转速,观察冷却液温度(见图 5-86)。

图 5-87 打开暖风开关至高档位

e. 当冷却液温度上升至正常温度 80~95℃时,打开暖风开关至高档位(见图 5-87),进行渗漏检查,关闭点火开关,使发动机熄火。

◇ 发动机起动后,使用诊断仪实时观察发动机冷却液温度的变化,直至达到正常温度状态。
◇ 检查过程中必须佩戴保护手套,防止烫伤。
◇ 检查时双手远离散热器风扇和排气歧管处,防止烫伤。

图 5-88 散热器内侧表面及散热片的连接处

③ 散热器表面的渗漏检查。

a. 检查散热器的内侧表面及散热片的连接处有无冷却液渗漏现象(见图 5-88)。

b. 检查散热器进出软管接口处有无冷却液渗漏现象(见图5-89)。

图5-89 散热器进出软管接口处

> **注意事项**
> ◇ 若存在渗漏现象但不明显,先清洁被检查部位表面;然后起动发动机并提高转速,运行一定时间后熄火。用干净的纸巾擦拭待检查部位的表面,如纸巾上有水渍,即可确认该部位存在渗漏。
> ◇ 检查过程中应佩戴保护手套和护目镜,防止烫伤。

2. 更换发动机冷却液

(1) 排净发动机冷却液。

① 松开散热器放水螺塞(见图5-90)。

图5-90 松开散热器放水螺塞

② 拆下散热器膨胀水箱盖(见图5-91)。

图5-91 拆下膨胀水箱盖

>
> ◇ 在发动机和散热器还没有冷却下来时,不要拆下膨胀水箱盖。

图 5-92 松开气缸体放水螺塞

③ 松开气缸体放水螺塞(见图 5-92)。

图 5-93 紧固气缸体放水螺塞

(2) 添加发动机冷却液。
① 紧固散热器放水螺塞。
② 紧固气缸体放水螺塞(见图 5-93)。

图 5-94 添加发动机冷却液

③ 将丰田超长效冷却液(SLLC)添加至膨胀水箱加注口(见图 5-94)。

标准容量:手动传动桥 5.6 L;自动传动桥 5.5 L。

◇ 不要用水代替发动机冷却液。

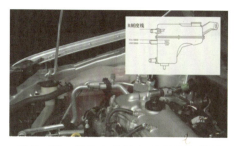

图 5-95 将冷却液添加至膨胀水箱 B 刻度线

④ 拆下膨胀水箱盖并将冷却液添加至膨胀水箱 B 刻度线(见图 5-95)。

⑤ 用手按压散热器进水软管和出水软管数次，检查冷却液液位(见图5-96)。

如果冷却液液位过低，添加冷却液。

图5-96 按压散热器进水软管和出水软管

注意事项

◇ 按压散热器软管时应佩戴保护手套。散热器软管处于热态时，应小心远离散热器风扇。

⑥ 安装膨胀水箱盖，使发动机充分暖机(见图5-97)。

图5-97 安装膨胀水箱盖

⑦ 将空调的温度调整为MAX(HOT)，将空调鼓风机设置调整为L0，排空冷却系统内的空气(见图5-98)。

图5-98 将空调的温度调整为MAX(HOT)，将空调鼓风机设置调整为L0

注意事项

◇ 起动发动机前，关闭空调开关。

⑧ 发动机冷却后，检查并确认冷却液液位在Full和Low刻度线之间(见图5-99)。

如果冷却液液位低，则向膨胀水箱内添加冷却液至Full线。

图5-99 检查并确认冷却液液位是否在规定范围内

图 5-100 连接泄漏检测仪

图 5-101 检查压力是否下降

(3) 加压检查冷却液是否泄漏。

① 向散热器总成中注满发动机冷却液,然后连接泄漏检测仪(见图 5-100)。

② 泵压至 108 kPa,然后检查并确认压力没有降低(见图 5-101)。

如果压力下降,检查软管、散热器总成和水泵总成是否泄漏。如果发动机外部没有冷却液泄漏痕迹,则检查加热器芯、气缸体和气缸盖。

注意事项

◇ 为避免烫伤,不要在发动机和散热器总成仍然很烫时拆下膨胀水箱盖分总成。

任务小结

一、冷却液的成分和作用

(1) 冷却液由水、防冻剂、添加剂三部分组成,按防冻剂成分不同可分为酒精型、甘油型、乙二醇型等类型的冷却液。

(2) 发动机冷却液的作用主要有防冻、防沸、防腐、防锈、防垢等。

二、更换发动机冷却液的主要步骤

(1) 排净发动机冷却液。

(2) 添加发动机冷却液。

(3) 加压检查冷却液有无泄漏。

任务评价

一、课堂练习

1. 判断题

(1) 特殊情况下可以用水代替发动机冷却液。( )

(2)发动机在冷机状态时,发动机冷却液液位应在 Low 和 Full 刻度线之间。(   )

2. 单选题

冷却液的正常工作温度为(   )。
A. 70~90℃　　　B. 80~95℃　　　C. 85~100℃　　　D. 90~105℃

二、技能评价(见表 5-8)

表 5-8　技能评价表

序号	内　　容	分值	得分
1	检查冷却液质量和液位	20	
2	检查发动机运转前冷却液是否有泄漏	10	
3	检查发动机运转时冷却液是否有泄漏	10	
4	检查散热器表面是否有冷却液泄漏	10	
5	排净发动机冷却液	10	
6	添加发动机冷却液	10	
7	加压检查冷却液是否泄漏	20	
8	检查车辆运行是否正常	10	
总　分		100	

(注:操作正确即得分,操作错误或未进行操作即 0 分)

学习任务 6　机油压力检测

任务目标

任务目标
◎ 正确描述检测机油压力的必要性。
◎ 掌握机油压力的检测方法。

学习重点
◎ 机油压力检测的任务实施。

知识准备

一、检测机油压力的必要性

发动机机械系统有很多机件工作与润滑条件密切相关,润滑油的油量、油质和油压对发动机影响很大。若发动机运转中出现异响和振动,应注意检查润滑系统的油量或者机油压力是否正常。

发动机机油压力低,其结果可能导致发动机润滑不良,增加气缸磨损,使发动机压缩比减小、动力性下降,导致曲柄连杆机构曲轴、连杆轴瓦以及配气机构等发动机零部件的早期损伤,轴瓦严重烧蚀、抱死,以致发动机不能正常运转。所以必须随时监测发动机的机油压力。

润滑系统的机油压力值由汽车仪表板上的机油压力表显示出来或由指示灯闪亮情况显示压力是否正常(由机油压力传感器提供触发信号),但由于机油压力表或油压传感器不能保证必要的测量精度,因此,定期检测时应采用专用油压表检测(见图5-102)。

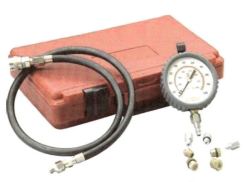

图 5-102　机油压力检测表

二、机油压力故障的成因

1. 机油压力过低

(1) 机油压力表失准或机油压力传感器效能不佳。

(2) 油底壳油平面过低。

(3) 机油黏度降低。

(4) 机油泵齿轮磨损、泵盖磨损或泵盖衬垫过厚造成供油能力过低。

(5) 内外管路有泄漏。

(6) 机油压力调节阀调整不当、关闭不严或损坏。

(7) 机油集滤器滤网堵塞。

(8) 曲轴主轴承、连杆轴承或凸轮轴轴承磨损；轴承盖松动、减摩合金脱落或烧损。

2. 机油压力过高

(1) 机油压力表失准或机油压力传感器效能不佳。

(2) 油底壳机油平面过高。

(3) 机油变稀或新换机油黏度过大。

(4) 机油压力调节阀调整不当或损坏。

(5) 通往各摩擦表面的分油道内积垢、阻塞，或主轴承、连杆轴承、凸轮轴轴承等间隙太小。

一、实施方案

1. 质量要求

参照厂家的质量标准要求。

2. 组织方式

每四位同学一组，使用机油压力表检测 2007 款卡罗拉 1.6 L AT 车的机油压力，按照企业岗位操作规范进行作业。

3. 作业准备

(1) 技术要求与标准（见表 5-9）。

表 5-9 机油压力正常值

怠速	3 000 r/min 时
25 kPa 或更高	150 kPa～550 kPa

(2) 设备器材（见图 5-103）。

(3) 场地设施：有消防设施的场地。

(4) 设备设施：2007 款卡罗拉 1.6 L AT 轿车一辆、标保工具车、工具车、零件车、垃圾桶。

(5) 耗材：干净抹布、泡沫清洗剂。

(a) 常用工具(一套)

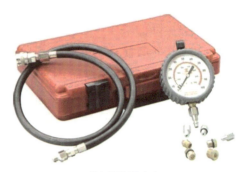
(b) 机油压力表

图 5-103　设备器材

二、操作步骤

机油压力检测

(1) 使用 24 mm 的长套筒扳手,拆下机油压力开关(见图 5-104)。

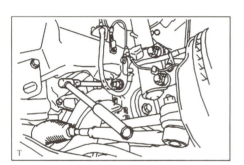

图 5-104　拆卸机油压力开关

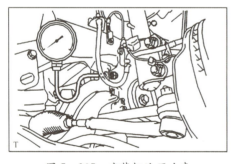

图 5-105　安装机油压力表

(2) 安装机油压力表(见图 5-105)。
(3) 起动发动机暖机。
(4) 检查机油压力表接头处是否有泄漏情况。
(5) 在怠速工况和 3 000 r/min 时,读取机油压力表的数值。
(6) 查阅维修手册与标准数值(怠速：25 kPa 或更高；3 000 r/min：150 kPa～550 kPa)进行对比,并依据所学知识对所测数据进行分析。

一、检测机油压力的必要性

润滑系统的机油压力值由汽车仪表板上的机油压力表显示出来或由指示灯闪亮情况显示压力是否正常(由机油压力传感器提供触发信号),但由于机油压力表或油压传感器不能保证必要的测量精度,因此,定期检测时应采用专用油压表测量。

二、机油压力的检测过程

(1) 使用 24 mm 的长套筒扳手,拆下机油压力开关。
(2) 安装机油压力表。
(3) 起动发动机暖机。
(4) 检查机油压力表接头处是否有泄漏情况。
(5) 在怠速工况和 3 000 r/min 时,读取机油压力表的数值。
(6) 查阅维修手册与标准数值(怠速:25 kPa 或更高;3 000 r/min:150 kPa~550 kPa)进行对比,并依据所学知识对所测数据进行分析。

一、课堂练习

1. 判断题

2007 款卡罗拉 1.6 L AT 轿车 1ZR-FE 发动机需使用 26 mm 的长套筒扳手,拆卸机油压力开关。( )

2. 单选题

3 000 r/min 情况下,2007 款卡罗拉 1.6 L AT 轿车 1ZR-FE 发动机的机油压力应在( )。

A. 140 kPa~400 kPa
B. 25 kPa 或更高
C. 150 kPa~550 kPa
D. 145 kPa~550 kPa

二、技能评价(见表 5-10)

表 5-10 技能评价表

序号	内 容	分值	得分
1	选用合适工具拆下机油压力开关	20	
2	安装机油压力表	20	
3	发动机暖机	20	
4	检查机油压力表接头处是否有泄漏	20	
5	在怠速工况和 3 000 r/min 时,读取机油压力表的数值	20	
	总 分	100	

(注:操作正确即得分,操作错误或未进行操作即 0 分)

学习拓展

一、什么是点火正时

点火正时指正确的点火时间。在发动机的压缩行程终了，活塞达到行程的顶点时，点火系统向火花塞提供高压火花以点燃气缸内的压缩混合气做功，这个时间就是点火正时。

为使点火能量最大化，点火正时一般要提前一定的量，所以是在活塞即将到达上止点的那一刻点火，而不是正好达到上止点时才点火，这个提前量叫点火提前角（见图5-106）。

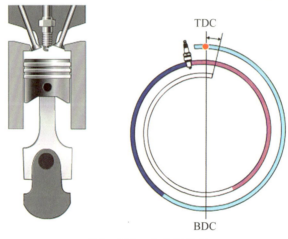

图5-106 点火提前角

适当的点火提前角能有效地改善燃油消耗率、发动机功率以及有害气体的排放。点火提前角过大时，会导致燃油消耗率高、动力下降、发动机爆燃。点火过迟，会导致发动机动力不足，严重情况下会出现排气管放炮。

二、点火正时失准常见情况

点火正时失准通常表现为点火提前角过小或点火提前角过大。

(1) 点火提前角过大，将有以下现象发生：
① 造成发动机爆燃，在爬坡或加速期间更明显。
② 车辆起动缓慢，或起动车辆时抖动，在发动机暖机时更加明显。

(2) 点火提前角过小，将有以下现象发生：
① 发动机动力不足。
② 起动时间较长，起动困难。
③ 燃油经济性变差。
④ 点火过于滞后，发动机会过热。

知识链接

汽车发动机节能减排发展趋势

为了达到节能减排的目的,提高汽车发动机的动力性和经济性是实现降低污染排放的有效途径。目前,很多汽车研究机构和企业都在此方面做了大量的实验和研究,其研究重点有以下几个方面:从汽车的燃烧机理出发,通过研究发动机的燃烧模型,设计与燃烧吻合度较高的燃烧室;从发动机的机械运动过程出发,努力减少发动机运动过程中不必要的摩擦损失,以实现最大限度地提高汽车发动机的工作效率;寻找比较清洁的而且热效能比较高的新能源,以降低污染气体的排放;通过采用分层燃烧、稀燃等技术,来控制汽车发动机的燃烧进程,并加入尾气净化装置。现在,汽车发动机的燃烧过程已经趋于完善,机械的加工技术也不断的精密化,因此,要解决汽车对能源紧缺和环境污染造成的影响,还需要探索其他途径。

1. 应用电控喷射系统

电控喷射技术能够实现汽车发动机低排放和高热效的双重目的。该技术能够精确地控制空燃比,很好地解决发动机排放水平较差的难题。电控喷射系统允许设计者只根据发动机的动力状况来选择最优的气门重叠角,确保动力曲线保持最理想的形状。因此,电控喷射系统能够使得汽车发动机获得良好的动力性和排放性能。

2. 采用直喷柴油机

目前,为了实现节能减排,采用直喷柴油机成为汽车发动机发展的一大趋势。据研究数据显示,非直喷柴油机的油耗比汽油机油耗要低 15%～35%,而直喷柴油机的油耗比非直喷柴油机油耗又低大约 15%。由此看见,直喷柴油机具有很大的节能效果。

同时,柴油机的增压技术历史较久,技术也比较成熟,因此,它在提成功率方面有很大的优势,而且能够降低比油耗和污染气体的排放,也改善了汽车的加速性能,在很多小型汽车中更容易被采用。

3. 探索和应用代用燃料

采用清洁的代用燃料能够实现有效降低汽车有害气体的排放目的,而且还能够降低燃料的成本。现在汽车的代用燃料主要有压缩天然气、液化石油气。我国幅员辽阔,有充足的天然气资源,也具备良好的生产条件,因此,在开发代用燃料方面有着很大的优势。其中,压缩天然气被用于发动机燃料方面已经有一定的历史,相应的技术也比较成熟,而发动机应用液化石油气方面还处于起步阶段,其中涉及到的燃料喷射技术、燃料的燃烧特性、点火控制等技术还需要进一步研究。